Carl Reinecke

Die Beethoven`schen Clavier-Sonaten

Briefe an eine Freundin

Carl Reinecke

Die Beethoven'schen Clavier-Sonaten
Briefe an eine Freundin

ISBN/EAN: 9783743392342

Hergestellt in Europa, USA, Kanada, Australien, Japan

Cover: Foto ©Thomas Meinert / pixelio.de

Weitere Bücher finden Sie auf **www.hansebooks.com**

Die
Beethoven'schen Clavier-Sonaten.

Briefe an eine Freundin

von

Prof. Dr. Carl Reinecke,

Mitglied der Königlichen Akademie der Künste zu Berlin, der Königlichen Akademie der Künste zu Stockholm etc. etc.

Dritte Auflage.

Leipzig

Verlag von Gebrüder Reinecke

Herzoglich Sächsische Hofmusikalienhandlung.

873.

I.

Verehrte Freundin!

Es bedurfte doch wahrlich keiner Entschuldigung, wenn Sie mich zu bestimmen suchten, Ihnen Rathschläge für den Vortrag der Beethoven'schen Sonaten zu geben! Der Jugend mit den gesammelten Erfahrungen dienen und helfen zu dürfen ist ja ein schönes Vorrecht des Alters. Jahre sind vergangen, seit ich Ihrem Wunsche entsprach, Ihnen bei der musikalischen Erziehung ihrer Kinder zu helfen und ich bin glücklich und stolz, von Ihnen zu hören, dass dieselben jetzt auf Grund meiner Rathschläge soweit vorgeschritten sind, um sich mit Erfolg an die nicht allzu schweren Sonaten Beethovens wagen zu können.

Aber: „Wenn schon, denn schon!" — „Garnicht oder ganz!" schrieb mir Carmen Sylva unter ihr Bild und sie hat Recht. Schreibe ich Ihnen ohnehin über die minder schweren Sonaten Beethovens, so werde ich auch die anderen in den Kreis meiner Betrachtungen einschliessen. Wer weiss, wie viele Jahre zu leben mir noch vergönnt sind, und ob ich später ihren ferneren Wünschen entsprechen könnte. Legen Sie die Briefe, die Sie noch nicht verwerthen können, einstweilen bei Seite; vielleicht, dass Sie später, in den alsdann vergilbten Blättern noch hie und da ein Körnchen Wahrheit, einen praktischen Wink, irgend eine Aufklärung oder dergleichen finden werden.

Und nun zur Sache.

Zu den Beethoven'schen Clavier-Sonaten sind bereits so viele poetische Commentare geschrieben, — es sei nur an A. B. Marx's dahin gehörigen Auslassungen in seiner Beethoven-

Biographie und an das Werk von Elterlein erinnert — dass es überflüssig wäre, die Zahl dieser Art von Erklärungen zu vermehren, zumal es immer fraglich bleibt, ob dem wahren Verständniss dieser Meisterwerke dadurch ein wirklicher Vorschub geleistet wird.*) Freilich wird derjenige, der zwar den architektonischen Bau eines Musikstückes vollständig begreift, für die darin enthaltenen Stimmungen aber keine Empfänglichkeit besitzt, die Schönheit des betreffenden Werkes niemals vollkommen erkennen, jedoch ebensowenig wird derjenige sie erfassen, der mit dunklem Empfinden den Stimmungen der Composition folgt, ohne aber den rothen Faden erkennen zu können, der das Ganze durchzieht. Es muss eben Beides vorhanden sein, Empfänglichkeit für die musikalisch-poetischen Stimmungen und Erkenntniss des Architektonischen. Wem erstere abgeht, dem ist überhaupt nicht zu helfen, und ich möchte ihn fast für unmusikalisch erklären, selbst wenn er im Stande wäre, nach dem blossen Hören Töne, Akkorde und Tonarten zu erkennen. Es ist überhaupt wunderbar, wie mannigfaltig sich die Begabung des musikalisch veranlagten Menschen zeigt! Giebt es einerseits Musiker, die ein enormes Gedächtniss und eine eminente Auffassungsgabe, aber durchaus kein schöpferisches Talent besitzen, so giebt es auch andererseits Componisten von Bedeutung, die kein feines Gehör haben und denen ein ungewöhnliches Gedächtniss fehlt. Obgleich ein witziger Kopf behauptete, dass der Schritt vom Dilettanten zum Künstler oft nur ein kleiner sei, aber immer derjenige, den der Dilettant niemals thun könne, so bin ich doch der Meinung, dass es trotzdem Dilettanten giebt,

---

*) Denn wie kann es Jemand im Verständniss fördern, wenn Herr von Elterlein erzählt, dass er „im F dur-Motiv einen augenblicklichen Balsam findet", wenn derselbe von einem „eigenthümlichen phantastischen Hauch, der darüber gegossen ist", spricht und sich vorzugsweise in ähnlichen Phrasen ergeht? Und wie kann man Vertrauen zu einem Musik-Schriftsteller fassen, welcher behauptet, dass die As dur-Sonate, Op. 26 „die erste aller B'schen Sonaten sei, in welche die Kunstform der Variation aufgenommen ist", der mithin nicht gemerkt hat, dass der zweite Satz der Sonate Op. 14, No. 2 ebenfalls in Variationenform geschrieben ist? der von einem „Orgelpunkt auf dem As dur-Accord" spricht! Wer über Musik schreiben will, sollte doch Variationen als solche erkennen können, wenn auch der Componist nicht dazu geschrieben hat, dass es Variationen seien, und er sollte billigerweise wissen, was ein Orgelpunkt ist.

die manchen Musiker in gewissen Beziehungen übertreffen und
zu diesen glaube ich Sie zählen zu dürfen. Mögen meine Aufzeichnungen Ihnen denn helfen, auch dasjenige an den B.'schen
Sonaten als Schönheit zu erkennen, was man mit der allgemeinen Empfänglichkeit für das musikalisch Schöne nicht vollständig erreicht. Und so müssen Sie denn, verehrte Freundin,
mir gestatten, ein wenig zu schulmeistern, um Ihnen zunächst
eine ganz kurze Darlegung der Form eines ersten Sonatensatzes zu geben. — Der Componist beginnt, abgesehen von
einer etwaigen Einleitung, mit dem ersten oder Haupt-Thema,
welches er, je nach Bedürfniss ausbreitet; ihm folgt die sogenannte Modulationsgruppe, welche dazu dient, das zweite Thema
einzuführen. Die Ausbreitung auch dieses zweiten Themas,
welches stets in einer anderen Tonart auftritt als das erste
Thema (bei einer Dur-Sonate meist in der Dominante, bei einer
Sonate in Moll gewöhnlich in der verwandten Dur-Tonart),
hängt ganz von dem Ermessen des Componisten ab; wenn er
es genügend ausgebreitet hat, bringt er die Coda, welche, wie
schon der Name sagt, ein Anhang ist, der dazu dient, den
Abschluss zu befestigen und eindringlicher zu machen. Mit
der Coda schliesst der erste Theil, welcher Schluss sehr häufig
schon äusserlich durch das Wiederholungszeichen erkennbar
ist. Zuweilen auch findet sich zwischen dem zweiten Thema
und der Coda noch eine Gruppe, welche man die Passagengruppe nennt und welche mehr der Beweglichkeit gewidmet
ist, während die beiden Themen, je nachdem, mehr dem Pathe-
tischen, dem rhythmisch Gefestigten oder dem Lyrischen, Elegischen, auch wohl dem Humor gewidmet sind. Nach dem Abschlusse des ersten Theils beginnt der sogenannte „Durchführungstheil", in welchem der Componist eines der früheren
Motive oder deren mehrere verarbeitet, zuweilen in contrapunk-
tischer, zuweilen in freierer Weise, dieselben in ein anderes
poetisches Licht rückend u. s. w. Hat der Componist sich in
dieser Weise Genüge geleistet, so kehrt er in die Haupt-Tonart

---

*) Im Concerte, welches ja (ebensowohl wie die Symphonie, das Trio,
Quartett etc.) in Sonatenform geschrieben wird, ist die Passagengruppe sogar ein
integrirender, unerlässlicher Theil.

und zum ersten Thema zurück, und das nun Folgende entspricht sehr häufig ganz genau dem ersten Theile, nur mit dem Unterschiede, dass das zweite Thema jetzt auch in der Haupt-Tonart auftritt. Gemeiniglich wird die Coda zum Schlusse des ganzen Satzes weiter ausgebreitet, als dies am Schlusse des ersten Theiles geschah. Es bedarf kaum der Erwähnung, dass diese Form ungemein elastisch und unzähliger Modificationen fähig ist; die Grundzüge werden sich aber leicht erkennbar in allen wirklichen ersten Sonaten-Sätzen finden. Ich sage, in allen wirklichen ersten Sonatensätzen, denn, wenn Beethoven seine Cis moll-Sonate mit einem Adagio, seine As dur-Sonate Op. 26 mit Variationen beginnt, so hat er eben auf den eigentlichen ersten Sonatensatz verzichtet. Sie aber müssen bei meinen Briefen stets gütigst auf den Schlusssatz verzichten. Es würde doch immer dieselbe Coda sein. Und so schliesse ich schlicht als

der Ihre

Carl Reinecke.

Leipzig, im October 1894.

II.

Indem ich nun, verehrte Frau, zu analytischen Bemerkungen über die einzelnen B.'schen Sonaten übergehe, hoffe ich, auf Ihre Zustimmung rechnen zu dürfen, wenn ich nicht einfach den Opuszahlen folge, sondern von den einfacheren zu den complicirteren und bedeutenderen fortschreite und auch die quasi Sonatinen Op. 49 einfach übergehe. Als Uebungsmaterial sind diese letzteren ohne Zweifel sehr reizend und an ihnen kann sich der Schüler auch sehr wohl üben, die Form zu analysiren, aber im Uebrigen würden sie keinen Anlass zu interessanten Erörterungen geben. Wenden wir uns also zu Op. 14 No. 1, der lieblichen, zum Theil etwas elegisch angehauchten Sonate in E dur.*) Der ganze erste Satz hat etwas Weiches, Gedämpftes als Grundstimmung, Kraftausbrüche kommen kaum vor, nur vier Takte hat B. mit ff bezeichnet und nicht gar viele mit forte, während er häufig nach einem Crescendo wieder zum Piano zurückkehrt, anstatt mit einem Forte zu enden. Dies wird bei dem denkenden Spieler auf den Vortrag des ganzen Satzes wirken. Dass die Modulationsgruppe sich eng an die Wiederholung des ersten Themas in der unteren Oktave anschliesst und nach dem Orgelpunkt auf *fis* mit drei kräftigen Akkorden abschliesst, werden Sie sofort erkennen. Dagegen dürfte Ihnen vielleicht entgangen sein, dass vom 17. Takte an, das Haupt-

---

*) Herr von Elterlein bezeichnet die beiden Sonaten Op. 14 einfach als „die schwächsten Sonaten der ersten Periode" und hält sich deshalb „eines näheren Eingehens überhoben."

thema, in den Stimmen, welche der linken Hand zugetheilt sind, zu entdecken ist:

Deutlicher tritt dies in der Parallel-Stelle des zweiten Theils hervor. Die Wiederholung des zweiten Themas liegt, erkennbar genug, in der linken Hand, welche also mehr hervortreten muss als die rechte, die in vollkommener Schlichtheit die linke zu imitiren hat. In den letzten vier Takten des ersten Theils tritt die linke Hand abermals melodieführend mit den Quartenschritten des ersten Themas auf und muss demgemäss, trotz des vorgeschriebenen Pianissimo mit singendem Tone gespielt werden. Der Durchführungstheil weist nur in den ersten vier und in den letzten zehn Takten vor dem Wiedereintritt des ersten Themas auf dieses hin, während das dazwischen Liegende ganz unabhängig davon zu sein scheint. Doch ist es nicht ausgeschlossen, dass Beethoven (wenn auch möglicherweise ohne sich dessen bewusst zu sein) das Motiv

durch rhythmische Vergrösserung aus dem neunten Takte

herausgebildet habe. Schon im vierten Takte tritt das Motiv

auf und wiederholt sich im 9. und 11. Takte in der Umkehrung, später wieder im 17., 19. und 20. Takte und spielt also, wie Sie sehen, eine gewisse Rolle. Die grossen Meister haben sich eben so sehr gewöhnt, ihre Gedanken logisch zu entwickeln, dass es verzeihlich wäre, wenn man denselben auch einmal eine Combination unterlegte, an welche sie selbst nicht gedacht haben. Gestatten Sie mir nun noch, gelegentlich dieses Satzes, ein paar praktische Bemerkungen, die dann für alle ähnlichen Fälle gelten mögen. Im 15. und 16. Takte schreibt B. Punkte über die halben Noten; es ist dies ein Beweis, dass B. mit dem Punkte oder Striche über der Note keineswegs bezeichnen will, die Note solle absolut kurz sein, sondern nur, dass sie ein wenig von ihrem Werthe (in diesem Falle kaum ein Achtel) einbüssen soll.*) Man betrachte also den Punkt oder Strich über der Note nicht als unbedingtes Staccato-Zeichen, sondern nur als einen Hinweis, dass die betreffenden Noten von den folgenden getrennt werden sollen.

Stehen (wie in dem zweiten Thema) Punkte und Bogen über den Noten, so soll die Trennung der einzelnen Töne eine noch geringere sein. Wir nennen diese Spielart Portamento. Der Doppelschlag im 38. Takte veranlasst mich zu Anführung der Regel, dass, wenn ein Doppelschlag nach einer punktirten Note steht, die drei Noten des Doppelschlags gespielt werden müssen, **bevor** der Punkt zur Geltung kommt und dass an Stelle des Punktes die Hauptnote wiederholt werden muss. So wunderlich diese Regel Manchem erscheinen mag, da doch der Doppelschlag nach dem Punkte steht, so erklärt sie sich dennoch sehr leicht, wenn man sich vergegenwärtigt, dass es früher Sitte war, den Punkt, der die Note um die Hälfte verlängert, nicht, wie jetzt, unmittelbar hinter die Note zu setzen, sondern erst dorthin, wo er der Takteintheilung gemäss hingehört. Beethoven schrieb:

und daraus ersehen wir, dass der Doppelschlag vor dem dritten Achtel gespielt werden soll:

---

*) In seinem Streich-Trio Op. 9 No. 2 versieht Beethoven sogar ganze Takt-Noten mit darüber stehenden Punkten!

Uebrigens werden von dieser Regel nur diejenigen punktirten Noten betroffen, welche einen Bruchtheil eines zwei- oder viertheiligen Notenwerthes bilden; auf solche punktirte Noten dagegen, welche selbst einen ganzen Takt, oder die Hälfte oder den dritten Theil eines solchen bilden, wie ♩. im ⁸/₁₆, ⁶/₈ oder ⁹/₈ Takt, ♩. im ⁵/₄, ⁶/₄ oder ⁹/₄ Takt findet diese Regel keine Anwendung. Eine eigenthümliche Stimmung, die man etwa wie stille Resignation bezeichnen könnte, liegt über dem zweiten Satze ausgebreitet. Ein Maler würde beim Anhören desselben vielleicht an eine bleiche Farbe oder an weiche Wellenlinien denken, einem Andern werden diese oder jene Worte eines Dichters dabei in den Sinn kommen und Mancher wird wiederum nur dem Zauber der Töne sich hingeben und behaupten, dass das kleine Tonstück ihn in eine Stimmung versetze, die weder ein Dichter, noch ein Maler in ihm erwecken könne, und zu diesen zähle ich. Um nun aber diese Stimmung auch in dem Hörer zu erwecken, muss der Spieler jede rhythmische oder dynamische Schärfe beim Vortrage dieses Satzes vermeiden. Zwar hat Beethoven einige Sforzati vorgeschrieben, aber man darf nie vergessen, dass das Sforzato im Piano und in einem mässig bewegten, elegischen Stücke ein ganz anderes sein muss, als in einem leidenschaftlich bewegten. Wie oft schreibt nicht B. Sforzati noch mitten im Fortissimo vor! Auch das Achtel des Hauptmotivs

darf nicht im mindesten durch ein etwas zu langes Aushalten des punktirten *e* gekürzt werden. Das mit Maggiore bezeichnete Trio in C dur tritt wie ein milder Trost auf und während im Mollsatze noch manche, wenn auch gedämpfte Accente verlangt werden, so bewegt sich dieses Trio stets im Piano, ein einziges Mal durch eine geringe Erhebung im Tone unterbrochen. Selbstverständlich kann der dem Trio unmittelbar vorhergehende Takt nur mit Hülfe des Pedals gebunden gespielt werden. Der letzte Satz dieser Sonate ist in Rondoform geschrieben; das Wesentliche dieser Form ist, dass das Hauptthema in häufiger Wiederkehr ertönt und immer durch andere, selbstständige Themen abgelöst wird. Das Rondothema dieses Satzes reicht bis zum ersten Doppelstrich im achten Takte, die ersten fünf Takte werden jetzt wiederholt und der Componist benutzt alsdann das letzte Motiv, um nach der Dominante H dur auszuweichen. Das sehr knappe zweite Thema

nimmt nur neun Takte in Anspruch und räumt dann wieder dem ersten Thema das Feld. Mit dem G dur-Satze tritt abermals ein neuer Gedanke auf, und leitet wiederum über zum ersten Thema in E dur; das zweite Thema folgt in A dur und dann schliesslich wieder in verschiedenen Varianten das Hauptthema. Anspruchslos, wie der Satz auftritt, ist er auch vorzutragen. In dem G dur-Mittelsatze verlangt B. mitten im Legato einzelne Noten staccato gespielt. Diese Forderung ist nicht schwer zu erfüllen, wenn man dafür sorgt, dass der betreffende Finger (in diesem Falle der fünfte oder vierte) etwas mehr von oben herab ausschlägt, als die übrigen Finger thun dürfen. Selbstverständlich hängt auch ein etwas stärkerer Accent damit zusammen. Werden Sie ungeduldig, verehrte Frau? Glauben Sie, dass wir nie zu Ende kommen werden, wenn ich in ähnlicher Weise ausführlich bei den übrigen Sonaten verfahre? Lassen Sie sich trösten mit der Versicherung, dass ich mich nicht wiederholen werde, indem ich zuversichtlich voraussetze, dass Sie die Rathschläge und Winke, die ich Ihnen schon einmal gab, bei jeder analogen Stelle beherzigen werden. Und so will ich denn auch gleich diese Sonate benutzen, um Sie auf eine Eigenthümlichkeit B.'s aufmerksam zu machen, die Ihnen vielleicht bis dahin entgangen ist, sich aber unendlich oft bei ihm nachweisen lässt. Es ist dies seine, wie es scheint, zum Princip gewordene Art der Themen-Erfindung, der Melodie-Bildung, welche darin besteht, dass er in seinen Themen bis zu einem Gipfelpunkt, dem höchsten Tone des Themas hinanstrebt und dann wieder zurücksinkt, diesen höchsten Ton aber selten zwei Mal bringend. Das erste Thema des ersten Satzes steigt bis zum hohen e

und sinkt dann zurück, ebenso das zweite Thema bis zum *gis*

das Thema des Allegrettos

steigt bis zum *h*, das des Trio bis zum *g.* Das Rondothema findet seinen Höhepunkt in dem *a*. — Auf Glion, in der französischen Schweiz, stand ich und betrachtete den Dent du Midi; ein älterer Herr trat zu mir und sagte:

„Sehen Sie, seit vielen Jahren komme ich regelmässig hieher, aber mit den Contouren dieses Berges kann ich mich immer noch nicht befreunden; man weiss gar nicht, welche Spitze der Gipfel ist."

Da fiel mir ein, dass diese Contouren eine Analogie bilden zu jenen naiven Melodien, wie die Kinder sie bei ihren Spielen singen und bis in die Unendlichkeit wiederholen und wie auch Sie deren gesungen haben werden, so gut wie ich, z. B.

Der Abt ist nicht zu Hau-se, er ist zu ei-nem Schmau-se

Bei einer B.'schen Melodie aber fallen mir immer die herrlichen Contouren eines Pilatus ein, wo's steigt, gelinde fällt und wieder steigt, bis endlich der eine Gipfelpunkt erreicht ist. Sie werden mit Interesse und Genuss solche Höhepunkte in B.'schen Themen aufsuchen. Aber ebensowohl wie der liebe Herrgott nicht lauter Berge wie den Pilatus, sondern auch manchen Dent du Midi geschaffen hat, ebensowohl werden Sie bei B. auch einzelne Themen finden, auf die sich meine Bemerkung nicht anwenden lässt. Die zweite Sonate dieses Heftes, in G dur, ist die fröhlichere Zwillingsschwester der vorhergehenden. Nirgend der Ernst, wie im zweiten Satze jener, und im letzten Satze sogar ein gewisser graziöser Humor. Ueber den Vortrag des ersten Motivs habe ich sofort einige

Bemerkungen zu machen, die mir beim Vortrage stets als Princip gegolten haben. Wenn ein Thema mit einem Auftakt beginnt, so hat der Spieler eindringlichst dafür zu sorgen, dass der Hörer durch die nöthigen Accente sofort klar über die Taktart werde. Wer in diesem Falle irgend eins der drei Sechzehntel, welche den Auftakt bilden, auch nur leicht betonte, würde den Hörer irre führen. Das *h* muss den ersten, allerdings weichen Accent erhalten, und auch der Eintritt der linken Hand muss sehr zart sein, weil der Hörer im anderen Falle das zweite Achtel für das erste halten könnte. Mithin wäre die dynamische Bezeichnung folgende:

Eine zweite Vortragsregel ist die, dass der Spieler, wenn sich ein Motiv in gleicher Weise wiederholt wie hier, dasselbe niemals beide Male auch in ganz gleicher Weise vortragen soll. Ob er es zum zweiten Male abschwächt oder steigert hängt von der Feinfühligkeit des Vortragenden ab; in diesem Falle würde ich für eine zartere Nuance beim Wiederholen sein, wofür auch der Umstand spricht, dass B. die harmonische Unterlage zum zweiten Male in die höhere, weniger kräftige Oktave verlegt. In der Coda, welche im 17. Takte vor dem Schlusse des ersten Theiles beginnt, sind die fünf Achtel dauernden Töne

jedesmal so klangvoll anzuschlagen, dass sie bis zu allerletzt hörbar bleiben. Es müssen daher Bass- und Mittelstimme sehr zart behandelt werden. — Entgegen der vorhergehenden Sonate, hat B. bei dieser im Durchführungstheile das Hauptmotiv sehr häufig (über dreissig Mal) verwerthet, während er das zweite Thema nur vorübergehend anklingen lässt. Die Periode, in welcher die linke Hand das Hauptmotiv bringt, während die rechte eine harmonische Begleitungsfigur in Sechzehnteltriolen zu spielen hat, veranlasst mich, Ihnen zu sagen, dass die Schwierigkeit, welche entsteht, sobald die eine Hand zweitheilige und die andere gleichzeitig dreitheilige Noten zu spielen hat, am besten überwunden wird, indem man zunächst die Begleitungsfigur längere Zeit allein übt und die andere Hand erst dann hinzutreten lässt, wenn die Begleitungsfigur gleichsam mechanisch erledigt wird; man concentrire dann seine ganze Aufmerksamkeit und Willenskraft auf die n i c h t begleitende, in diesem Falle also, auf die linke Hand. Je schneller man das Tempo nehmen darf, um so leichter wird natürlich eine solche Periode. Unter allen Umständen halte ich es für fehlerhaft, die Melodie nach der Begleitung eintheilen zu wollen, es sollte stets das Umgekehrte geschehen, falls mangelnde Energie des Spielers wirklich eine mathematische Eintheilung nöthig machen sollte. Der zweite Satz dieser Sonate besteht aus einem zwanzig Takte umfassenden Thema, drei Variationen und einer kurzen Coda. In der ersten Variation geht das in der Mittelstimme liegende Thema hie und da von einer Hand in die andere über (so Takt 3, Takt 9, 10 und 11) und muss demgemäss sorgfältig darauf geachtet werden, dass das Thema trotzdessen so ungezwungen fliessend, erklinge, als wenn es von einer Hand allein gespielt würde. In einer viel benutzten Ausgabe der B.'schen Sonaten hat der Herausgeber sich gemüssigt gefühlt, die letzte Variation folgendermassen zu notiren:

während B. ganz schlicht schrieb wie folgt:

Ich halte jene Zuthat für durchaus überflüssig, denn abgesehen davon, dass B. sehr genau notirte und keine Mühe scheute, um seine Absichten kund zu thun (man sehe die com-

plicirte Schreibweise für die einfache Bass-Figur im Anfang
dieser Sonate), so werden die Töne, welche das Thema bilden,
weil die höchsten, ohne weitere Nachhilfe herausklingen, und
jedes absichtliche Hervorheben ist vom Uebel: man merkt die
Absicht und man wird verstimmt. Haben Sie an dem Thema
des Satzes wiederum das Princip der B.'schen Melodiebildung
erkannt? Wie B. vom kleinen *g* bis zum dreigestrichenen *c*
steigt und wieder bis zum eingestrichenen *c* zurückkehrt, ohne
den höchsten Ton mehr als einmal zu bringen? — Um den
mit Scherzo bezeichneten Schlusssatz mit der richtigen Betonung
zu spielen, muss man sich darüber klar sein, dass stets zwei
und zwei Takte zusammengehören und dass der Satz — B.
verzeihe mir — eigentlich im ⁶/₈-Takt hätte notirt werden
sollen. Bei Mozart finden wir ein Beispiel anderer Art. Das
Duett „Bei Männern, welche Liebe fühlen" in der Zauberflöte,
begann ursprünglich mit dem vollen Takte und die Singstimme
mit einem einzigen Achtel als Auftakt

während es jetzt mit einem halben Takte als Auftakt beginnt.
Weil aber in Folge der ursprünglichen Fassung der Schluss
auf's vierte anstatt auf's erste Achtel fiel, so änderte Mozart
durch's ganze Stück hindurch die Taktstriche, und somit heisst
es jetzt:

Unleugbar war die Declamation in der ursprünglichen Fassung
die richtigere, und man ist wohl zu der Frage berechtigt, warum Mozart nicht zu dem Auskunftsmittel gegriffen hat, die
Nummer im ³/₈-Takt zu notiren? B. hat übrigens am
Schlusse des Finale nach der letzten Achtelnote noch vier
Achtel-Pausen notirt, wodurch sich mit dem Auftakt des Satzes
wieder zwei ganze Takte erfüllen. Hätte B. nicht selbst die
Empfindung gehabt, dass der Satz eigentlich im ⁶/₈-Takt stände,
so hätte er den Satz wohl abgeschlossen wie folgt:

Es muss also gespielt werden:

nicht aber:

und das zweite Thema folgendermassen:

nicht aber mit einem Accent auf dem ersten Achtel eines jeden Taktes. Dass ich, wenn ich hier von einem Accent spreche, nur an einen graziösen, weichen denke, bedarf wohl kaum der Erwähnung. Ein etwas harter Accent wäre geschmacklos. Ein weicher, aber immerhin deutlich vernehmbarer ist durchaus nöthig, um dem Hörer sofort über den Rhythmus Klarheit zu geben, und das ist in diesem Falle um so wichtiger, als eine nachlässige Betonung das Motiv gar leicht als ein zweitheiliges könnte erscheinen lassen:

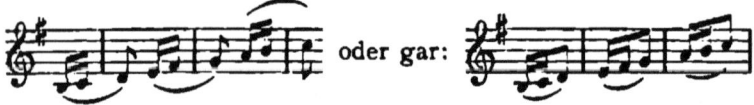

Weitere Winke halte ich für ganz überflüssig. Wer nicht empfindet, dass er das zweite Thema mit anderem Ausdruck spielen muss als das erste, dem ist überhaupt nicht zu helfen, und zu solchen gehören weder Sie, verehrte Freundin, noch Ihr Töchterlein. Aber — meine Epistel ist überlang geworden! So breche ich ab.

              Ihr C. R.

Leipzig. An B.'s Geburtstag.

III.

Ihre Frage, verehrte Frau, betreffend die Form der Mittelsätze einer Sonate, hatte ich erwartet und ich eile jetzt, Ihnen einige Aufschlüsse darüber zu geben. Die Sonate besteht, abgesehen von seltenen Ausnahmen, (zu diesen gehören Moscheles's „Sonate mélancholique" und Hans Hubers Sonate Op. 31 in einem Satze, sowie Beethovens zweisätzige Sonaten Op. 54, 78, 96 und 111) aus drei oder vier einzelnen Sätzen. Die Form des ersten Satzes ist Ihnen schon klar und über die Rondoform, in welcher der letzte Satz häufig, in früheren Zeiten vorzugsweise, geschrieben ist, habe ich auch schon gesprochen. Diese beiden Ecksätze sind, wie Sie aus Erfahrung wissen werden, mit wenigen Ausnahmen bewegter Art, sogenannte schnelle Sätze, und um denselben einen wohlthuenden Contrast gegenüber zu stellen, schob der Componist zwischen diese beiden Sätze einen langsamen, das Andante oder Adagio, Largo oder Larghetto ein. Später fügte man noch einen vierten Satz, gemeiniglich eine Menuett (aus der sich mit der Zeit das Scherzo entwickelte) hinzu, und gab demselben gewöhnlich den Platz nach dem langsamen Satze. Dieser Letztere wird in den verschiedensten Formen geschrieben. In der G dur - Sonate Op. 14 fanden wir ein Andante mit Variationen (deren Wesen wohl Ihnen wie fast Jedermann klar sein wird) in anderen Sonaten ist die etwas vereinfachte Form des ersten Sonatensatzes angewandt, während wir in der E dur - Sonate Op. 14 einem Mittelsatze in doppelter Liedform begegnen. Das Wesen der doppelten Liedform ist sofort klar, sobald man die einfache Liedform kennt, und demgemäss will ich zunächst versuchen, Sie über diese zu orientiren. Wie in der Sprache aus Vorder- und Nachsatz eine Periode gebildet wird, so auch in der Musik. Der einfachste Bau einer musikalischen Periode setzt sich aus einem vier Takte umfassenden Vordersatze und einem gleich langen Nachsatze zusammen; schliesst die also geformte Periode in derselben Tonart wie sie begonnen, so kann sie unter Umständen ein in sich fertiges Lied sein, und in der That giebt es eine grosse Anzahl Volkslieder und selbst Kunstlieder, welche nur acht Takte umfassen. Schliesst jedoch diese eine Periode nicht in der Haupttonart ab, so ist der Componist genöthigt, eine andere Periode hinzuzufügen, vielleicht auch eine dritte, (die dann gemeiniglich eine etwas modificirte Wiederholung der ersten ist), und so giebt es Sätze in einfacher Liedform, die aus einer Periode sowohl, wie aus zwei oder drei Perioden bestehen. Stellt man nun einem also geformten Tonstücke ein anderes in ähnlicher Form gegenüber, um alsdann das erste wiederzubringen und mit demselben abzuschliessen, so ist die doppelte Liedform entstanden. Demgemäss erkennen wir in dem Thema zu den Variationen, welche den Mittelsatz der G dur - Sonate Op. 14 bilden, die einfache Liedform, während der Mittelsatz der E dur-Sonate ein Beispiel für die doppelte Liedform abgiebt. Die Coda, welche wir hier finden, ist an sich kein nothwendiger Bestandtheil, aber der Componist fühlt häufig das Bedürfniss, seinem Satze einen gesättigteren Abschluss zu geben, ebensowohl wie bei den Abschlüssen des ersten oder zweiten Theils eines ersten Sonatensatzes. In den Menuetten und Scherzi der Sonaten, Op. 2, No. 1 und 2, Op. 7, Op. 10 No. 3, Op. 22, Op. 26, Op. 28 z. B. hat B. keine Coda hinzugefügt, dagegen wieder in Op. 2 No. 3, in vielen seiner Trios etc. Ich erwähnte bereits, dass der Componist, wenn er den langsamen Mittelsatz in der Form des ersten Sonatensatzes schreibt, dieselbe modificirt und zwar, indem er den sogenannten Durchführungstheil auf ein Minimum beschränkt oder auch ganz fortlässt. In der Hoffnung, dass meine Erklärungen Ihnen auch wirklich Klarheit verschafft haben mögen, schliesse ich mit dem Versprechen, mich in meinem nächsten Briefe nicht wieder mit so viel grauer Theorie zu befassen.

Leipzig, Januar 1895.   C. R.

IV.

Es ist unendlich schwer, die B.'schen Sonaten progressiv zu ordnen, und ich mache mich auf einigen Widerspruch gefasst, verehrte Freundin, wenn ich jetzt die drei Sonaten Op. 10, anstatt der Sonaten Op. 2 folgen lasse, aber immerhin wird man zugeben müssen, dass sich in letzteren einige Sätze von solcher Schwierigkeit finden, wie sie in Op. 10 nicht vorkommen, während andererseits in den ersten drei Sonaten kein einziger Satz von solcher Tiefsinnigkeit erfüllt ist, wie das Largo in der Sonate Op. 10 No. 3. Der Bau des ersten Satzes der ersten Sonate in C moll giebt wohl zu einigen Bemerkungen Anlass, weil er reicher an selbstständigen Motiven ist, als dies sonst der Fall zu sein pflegt, denn im Durchführungstheile tritt mit dem 13. Takt ein ganz neuer Gedanke auf, welcher sogar den Stoff zur Durcharbeitung vorzugsweise hergiebt, und auch die Modulationsgruppe, im ersten Theile also lautend:

<small>Op. 10 No 1 C moll</small>

trägt einen mehr melodischen Charakter als gemeiniglich. Dass der mit einer Klammer ⌐⌐ bezeichnete Takt während des Orgelpunktes auf *b* (Takt 49—56) sechsmal verwendet wird, zeigt wieder einmal, wie logisch B. seine Gedanken entwickelt hat, wie stets Eins aus dem Anderen hervorgegangen ist und wie kaum je eine blosse Willkür herrscht. Das Hauptmotiv

giebt mir noch zu der Bemerkung Anlass, dass man sich stets in solchen Fällen die Gruppirung so denken muss, wie ich durch Klammern angedeutet habe, nicht aber so:

wozu die Notirung allerdings verführen könnte. Dass bei alledem die strengste Bindung beobachtet werden soll, bemerke ich, um jedem Missverständniss vorzubeugen. Der Doppelschlag im sechsten Takte des zweiten Themas

kann verschiedenartig gedeutet und demgemäss ausgeführt werden; während in der Stuttgarter Ausgabe die Ausführung folgendermassen

gelehrt wird, schreibt Ludwig Klee in seinem ausgezeichneten Werke: „Die Ornamentik der klassischen Clavier-Musik" (das ich Ihnen übrigens nicht genug empfehlen kann) auf Seite 16 die Ausführung in nachstehender Weise vor:

Ich neige mich vollkommen der letzteren Auffassung und Ausführung zu (wie auch meine, schon vor vielen Jahren erschienene Ausgabe der B.'schen Sonaten beweist), nur mit dem Unterschiede, dass ich die Verzierung niemals in ganz strengem

Takte, in Triolen, Sechzehnteln etc., ausführen und demgemäss vorschreiben würde. In diesem Falle würde ich also, wenn ich mich nicht kleiner Noten bedienen wollte

lieber folgendermassen notiren:

und durch die hinzugefügten dynamischen Zeichen andeuten, dass das *b*, welches dem Doppelschlage folgt, sehr zart zu nehmen ist. Tant de bruit pour une omelette? O nein, es ist nicht zu viel Lärm; und abgesehen davon, dass auch eine Omelette an sich gar nicht zu verachten ist, so giebt's in einem Kunstwerke, wie eine B.'sche Sonate es ist, kaum etwas, was man als Kleinigkeit und als unwichtig betrachten und behandeln dürfte. Die Ornamentik aber spielt bei den Klassikern eine grosse Rolle und man sollte ihr ein eingehendes Studium widmen. Im 29. Takte des zweiten Theiles findet sich abermals ein Doppelschlag, über dessen Ausführung die Ansichten auseinander gehen.

Klee giebt die allgemein bekannte Regel: „Befindet sich das Zeichen **über** einer Note, so beginnt der Doppelschlag mit der oberen Hilfsnote," also

die Stuttgarter Ausgabe schreibt folgendermassen vor:

und setzt damit voraus, dass B. den Doppelschlag fälschlich über die Note gestellt habe und dass er eigentlich nach dem letzten Viertel (*es*) hätte geschrieben werden sollen. Wählen

Sie, verehrte Frau! In meiner Ausgabe finden Sie die erstere Lesart. Das Adagio dieser Sonate hat die Form eines ersten Sonatensatzes, nur mit der Einschränkung, dass jegliche Durchführung ausgeschlossen ist. Im sechsten Takte des Themas findet sich ein Arpeggio-Zeichen ∤ und ich benutze die Gelegenheit, um Sie zu warnen vor dem zu breiten Auseinanderlegen der Töne vom untersten Bass- bis zum obersten Diskanttone. Die Melodie lautet:

und also muss das *as* im engsten Anschlusse an das vorhergehende *des* erklingen; durch ein langsames Brechen von unten herauf wird das aber verhindert. Im Allgemeinen bedeutet das Arpeggio-Zeichen, dass der Akkord nicht ganz fest angeschlagen werden soll, was in diesem Falle allerdings hart klingen würde. Sollte der Takt 21 und die später noch unbequemer liegende Parallelstelle nicht vollkommen gelingen wollen, so würde ich eine Vertheilung unter beide Hände nicht allein gestatten, sondern sogar empfehlen. In einer Studie darf man sich keine Erleichterung gestatten, aber eine B.'sche Sonate ist keine blosse Studie, und namentlich, wenn man sie vor Zeugen spielt, kommt es nicht darauf an, mit welchem Fingersatz eine schwierige Stelle gespielt wird, sondern darauf, dass die Schwierigkeit überhaupt bemeistert werde. Ueber die Ausführung der Doppelschläge werde ich mich nun nicht ferner auslassen, denn ich habe Ihnen versprochen, mich nicht zu wiederholen. Auf die wundersame Innigkeit des Satzes Sie besonders aufmerksam machen zu sollen, scheint mir auch überflüssig, fast beleidigend. Der letzte Satz giebt zu besonderen Bemerkungen wenig Anlass, für mich persönlich hat er allerdings eine ganz besondere Bedeutung, denn er hat mir einst eine der unangenehmsten Ohrfeigen meines Lebens eingetragen. Das trug sich folgendermassen zu: Ich spielte die Sonate bei meinem Vater aus einer Abschrift, was bei unseren knappen Verhältnissen damals geboten war, weil zu jener Zeit e i n e Sonate nicht viel weniger kostete als heutzutage ein ganzer

Band. Im 11. Takte des zweiten Theiles war im obern System der Bassschlüssel vergessen worden und ich spielte ganz vertrauensselig:

was mir gar nicht schlecht, sogar ganz originell geklungen hatte. Aber kaum, dass ich diesem unglückseligen Schreibfehlerteufel in's Netz gegangen, so sauste auch schon die Ohrfeige auf meinen armen Schädel nieder. Und so kommt es, dass ich diesen Satz noch heute nicht hören kann, ohne dass mich eine gewisse tragische Stimmung überkommt. Verzeihen Sie diese Erzählung eines persönlichen Erlebnisses, das allerdings mit dem Wesen einer B.'schen Sonate ganz und gar nichts zu thun hat. — Für das gleichzeitige Spielen der Achteltriolen und Sechzehntel im 35. und 36. Takte gilt dasselbe, was ich schon gelegentlich der G dur-Sonate, Op. 14 No. 2, sagte. Der Vortrag ist hier, wo B. prestissimo vorschreibt, betreffs der Eintheilung noch leichter als in jener Sonate. Zu Anfang des zweiten Theiles ist die Figur in der linken Hand für kleinere Hände schwer. Die Ausführung in folgender Weise

wird es wesentlich erleichtern.

Im 17. Takte vor dem Schlusse der Sonate muss der Accent auf die erste Note der Verzierung fallen, nicht aber auf das *ges*, also:

Es ist eine Regel, dass die Zeit, welche eine Verzierung in Anspruch nimmt, nur derjenigen Note entzogen werden darf, der die Verzierung angehört, in diesem Falle also nur dem *ges*, nicht dem *c*, mithin muss das *f* genau mit dem Beginn des neuen Taktes angeschlagen werden. Ich zeichne mich aber ohne alle Verzierung als

Leipzig, 4. Febr. 1895.

der Ihre

C. R. -

V.

Verehrte Frau!

Ueber die folgende Sonate in F dur werden wir einiger- Op. 10 No. 2
massen schnell hinweg gehen können, denn sie bietet keine   F dur
erheblichen Schwierigkeiten, weder hinsichtlich der technischen
Ausführung, noch betreffs der Auffassung. Nur den guten
Rath gebe ich, alle Vorschriften des Componisten hinsichtlich
des Dynamischen, Rhythmischen etc. bis in's Kleinste genau
zu befolgen, dabei kommt mehr Gesundes heraus, als wenn
ich Ihnen von „tannenfrischem" Allegro, von „Wolken-
schatten" und „Sonnenblicken" im Allegretto, von „kichern-
den Kobolden" oder ähnlichem Gelichter, das im Presto sein
Wesen treiben solle, vorfaseln wollte. Ich war einmal Zeuge,
wie ein Dirigent sein ohnehin sehr miserables Orchester wegen
Vortrags einer Stelle in einer Symphonie tadelte und die Musiker
auf den rechten Weg zu weisen suchte, indem er sie dahin
belehrte, dass die betreffende Stelle „ganz schwefelgelb" klingen
müsse. Damit erreichte er nun zwar, dass die guten Leute
und schlechten Musikanten jetzt erst recht wie eine Schwefel-
bande spielten, aber die Stelle selbst klang nicht schwefelgelb.
Hätte er ihnen einfach gesagt, was sie thun sollten, um den
von ihm gewünschten Effekt zu erzielen, sei es nun, dass er
heftigere Accente, ein „sul ponticello" der Geigen oder Anderes
verlangt hätte, so würde er etwas erreicht haben; mit seiner
Metapher erlangte er eben nichts. — Hinsichtlich der Durchführung im ersten Satze ist eine ähnliche Wahrnehmung zu
machen, wie bei der Sonate in E dur, Op. 14; die ersten zehn

Takte weisen auf die beiden letzten Takte des ersten Theiles hin, die letzten circa zwanzig Takte vor dem D dur ebenfalls, was aber dazwischen liegt, ist schwer auf Motive des ersten Theiles irgendwie zurückzuführen. Auf alle Fälle aber muss der Spieler die an sich so unscheinbaren drei Achtel

mit dem Bewusstsein spielen, dass sie eine Bedeutung als Motiv haben. Der Triller im zweiten Theile des Allegretto, im Takte vor der ersten Fermate, hat mit dem Hauptone, also mit *f* zu beginnen, desgleichen der spätere Triller auf *c*, welcher übrigens nicht mehr als fünf Töne (*c des c h c*) enthalten kann, da die kurze Zeitdauer des Viertels einen längeren Triller unmöglich macht. Nach meinem Empfinden ist die nun folgende D dur-Sonate die bedeutendste von den dreien, welche das Op. 10 bilden. Im ersten Satz ist, trotz aller Oekonomie, ein grosser Reichthum an Gedanken vorhanden. Gegenüber dem Hauptmotiv treten beide Nebenthemen, sowohl das in H moll, wie auch das in A dur, durchaus selbstständig auf. Bewundernswerth ist, wie B. die ersten vier Töne des Hauptthemas, welche doch nur einen Theil der abwärts steigenden D dur-Scala bilden, ausgenützt hat! Sofort nach der ersten Fermate werden sie zur Vollendung der ersten, diesmal zehntaktigen Periode unausgesetzt verwendet, und im A dur (vom 66. Takte an) finden wir das Motiv über zwanzig Male unausgesetzt benutzt; und wenn B. schliesslich vom zweigestrichenen *es* bis zum Contra-A stufenweise hinabschreitet, so müssen wir zugeben, dass eine diatonische Tonleiter, die B. schreibt, eine andere ist, als die, welche etwa Czerny schrieb. (Schumann behauptete dies irgendwo von der chromatischen Tonleiter und wies dabei auf B.'s Es dur-Concert hin.) Mir scheint obige Stelle aber noch frappanter, denn im Es dur-Concerte tritt die chromatische Scala doch nur als Contrapunkt gegenüber dem Hauptmotiv auf, hier aber ist die aus den ersten vier Noten des Themas herausgebildete Scala das Wesentliche. Wie B. im Uebrigen thematisch „gearbeitet" hat, das zu erforschen, überlasse ich Ihrem scharfen Ohr und Auge. Nur auf die Vergrösserung des Motivs im Basse, welche B. in den letzten elf Takten viermal gebracht, will ich Sie aufmerksam machen.

Ich sehe Sie lächeln und vermuthe, dass Ihnen die Frage auf den Lippen schwebt, ob die Unterstellung solcher Beziehungen nicht gewagt, ob dergleichen nicht reiner Zufall sei? Ich möchte kühn behaupten: nein! Dem Meister ist Nichts in seinem Werke eine Kleinigkeit und er gewöhnt sich so vollständig daran, logisch zu denken und organisch entstehen zu lassen, wie die Pflanze aus dem Samenkorn hervorspriesst, dass ihm blosse Zufälligkeiten kaum in den Sinn kommen. — Beziehentlich des Motivs

habe ich noch zu erwähnen, dass es in den älteren Ausgaben folgendermassen

notirt war, und dass die Stuttgarter Ausgabe demgemäss diese Ausführung

verlangt. Als ich seiner Zeit die Clavierwerke B.'s für die Breitkopf & Härtel'sche Gesammtausgabe redigirte, war ich sehr unglücklich darüber, dass alle mir zum Vergleich unterbreiteten älteren Ausgaben den kurzen Vorschlag aufwiesen, während dieser mir ganz antipathisch war und ich von jeher stets das *d* als langen Vorschlag behandelt hatte. Als gewissenhafter Redacteur durfte ich jedoch meine individuelle Auffassung nicht geltend machen. Wie froh war ich aber, als der bekannte Forscher Gustav Nottebohm später mittheilte, dass er ein Hand-Exemplar aus dem Besitze B.'s aufgefunden habe, in welches dieser überall da, wo jenes Motiv erscheint, den langen Vorschlag hineincorrigirt habe. Dieselbe Stuttgarter Ausgabe fügt im Anfange vor der Fermate auf *a* ein Crescendo hinzu. Ich ziehe ein andauerndes Piano und plötzliches Sforzato vor. Warum sollte B. an d i e s e r Stelle und später bei der Wiederkehr derselben Stelle im zweiten Theile das Crescendo vergessen haben, während er es wenige Takte später vor der Fermate auf *fis* ausdrücklich vorschreibt? — Mit Ehrfurcht steht man vor dem nun folgenden Largo e mesto und scheut sich fast, Worte darüber zu verlieren. Wieder nur kann ich ermahnen: man beachte jede, auch die kleinste Vorschrift B.'s und man braucht dann nichts hineinzutragen, um eine tiefgehende Wirkung zu erzielen. Die in der Stuttgarter Ausgabe ausgesprochene Vermuthung, dass das *c* auf dem 3. und 6. Achtel des 6. Taktes nach dem Doppelstrich ohne Zweifel von B. selbst herrühre, erweist sich nach Nottebohm's Forschung auch als eine irrige. Beethoven schrieb:

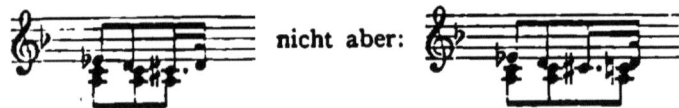

Ebenso verhält es sich natürlich bei der zwei Takte später auftretenden analogen Stelle mit dem *d*.

Noch möchte ich Sie auf die Verwandtschaft des ersten Motivs mit dem des wundervollen Stückes „Clärchens Tod bezeichnend" aus der Egmont-Musik hinweisen:

Die Menuett giebt zu besonderen Bemerkungen kaum Anlass; die Stelle, wo das Thema vereint mit dem Triller auf *a* auftritt, muss eben geübt werden. Wer über eine genügende

Spannung verfügt, mag das *fis e* mit dem Daumen der linken Hand spielen und auch eine kleinere Hand mag dies bei geschicktem Pedalgebrauch thun. — Mit einem Motive, das wie eine Frage lautet, beginnt das Rondo, ebenso wie das erste Allegro mit einer Frage begonnen hatte. Es ist bewundernswerth wie B. diese drei Noten verwerthet, die im Laufe des Satzes in ihrer Urgestalt und in den verschiedensten Umbildungen wohl hundert Mal erscheinen. Es wird Ihnen Freude machen, jedem Auftreten des Motivs nachzuspüren, und selbstverständlich wird der Vortrag des Stückes um so vollendeter werden, je klarer der Vortragende über jede Combination ist, nur muss er sich hüten, das Motiv jedes Mal in gewissermassen lehrhafter Weise herausheben zu wollen! Ist man sich nur selbst dessen bewusst, was man spielt, so wird das Stück auch dem Hörer klar werden. Dass B.'s chromatische Tonleiter eine andere sei, als die, welche Herz schrieb, hat Schumann, wie ich bereits erwähnte, in sehr richtiger Erkenntniss behauptet. Er hätte als Beispiel und Beweis auch den 18. Takt dieses Satzes anführen können. Das zweite Thema beginnt im 17. Takte und enthält ein chromatisches Motiv, aus dem die chromatische Scala hervorgeht, die sich auch später wiederholt und also auch in der letzten Coda vollständig motivirt auftritt.

Mit bestem Grusse Ihr
C. R.

Leipzig, im März 1895.

VI.

Meine Zeit ist gegenwärtig weniger in Anspruch genommen, denn zuvor, und so müssen Sie sich's gefallen lassen, wenn ich jetzt wieder schreibseliger werde. Machen Sie sich auf eine lange Epistel gefasst! Von den drei, Haydn gewidmeten Sonaten Op. 2, ist die erste die weitaus kürzeste, ihrem geistigen Inhalte nach aber vielleicht mehr auf den dereinstigen B. hinweisend, als die beiden folgenden. Das erste Thema erinnert unwillkürlich an das Finale der G moll-Symphonie von Mozart.

Ueberhaupt scheint dies Mozart'sche Thema einen ungewöhnlichen Eindruck auf B. gemacht zu haben, denn wir erfahren durch Wasielewski in seiner geschätzten B.-Biographie, dass B. das Thema vom dritten Satze der C moll-Symphonie mit Bewusstsein aus diesem Thema herausgebildet hat. Man findet nämlich in einem seiner Skizzenbücher beide Themen von B.'s Hand dicht nebeneinander notirt:

Dies nebenher. Ich finde aber die Thatsache so interessant, dass ich mir nicht versagen mochte, sie Ihnen mitzutheilen. In sämmtlichen mir bekannt gewordenen Ausgaben der B.'schen Sonaten mit Fingersatz ist im 21. und 22. Takte die folgende, allerdings einfachste und naheliegendste Applicatur vorgeschrieben:

Dieselbe bietet aber die Schwierigkeit, dass der Daumen der linken Hand im vorgeschriebenen raschen Tempo sehr schnell vom *es* zum *des* gleiten muss. Ich begegne dem Uebelstande dadurch, dass ich folgendermassen vorschreibe:

wie Sie's auch in meiner Ausgabe finden werden. Die Art und Weise, wie B. im Durchführungstheil die früheren Motive verwerthet, ist so licht und klar, dass es thöricht von mir wäre, mich auf eine Analyse einlassen zu wollen. Eine offene Frage wird es bleiben, ob im 14. Takte des zweiten Theiles das vorletzte Achtel *des* oder *d* sein soll. Entschieden deutet der letzte halbe Takt schon auf C moll hin, und, wenn man den 13. und 14. Takt des Schmuckes entkleiden wollte, so würde folgende, sehr natürliche Harmonie entstehen:

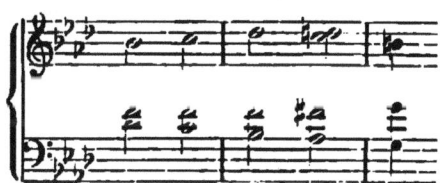

Aber unmöglich ist es nicht, dass B. das *c* durch *des* vorgehalten dachte. Freilich hat er in der Zeit, da er diese Sonaten schrieb, nur selten solche Herbigkeiten verlangt. Jedenfalls scheint es mir gewagt, kategorisch zu behaupten, dass man „*des*" als die richtige Lesart anerkennen solle. Wenn schon B. zwei Takte später das ♮ vor *d* vergessen hat, wie es nachgewiesen ist, warum kann er's nicht auch hier vergessen haben? Das Thema des Andante ist dem schon im Jahre 1785 componirten Quartette in C dur für Pianoforte, Violine, Viola und Violoncell entnommen und an jener Stelle folgendermassen notirt:

Es kommen bei B. nicht viele ähnliche Fälle von mehrfacher Benutzung ein und desselben Gedankens vor. Das auffallendste Beispiel wird immer die vierfache Benutzung vom Finale-Thema der Eroica sein, welches auch das Thema der Clavier-Variationen Op. 35 bildet, ferner in der Balletmusik „Die Geschöpfe des Prometheus" und endlich als selbstständiger Contretanz auftritt. Interessant ist es, an diesem Satze zu beobachten, wie reich mit Varianten B. jede Wiederkehr eines früher in einfachster Fassung erschienenen Gedankens ausstattet. Im 24. Takte kommt eine ganz ähnliche Verzierung vor wie im langsamen Satze der C moll-Sonate Op. 10, und ich erinnere noch einmal an die am Schlusse meines betreffenden Briefes aufgestellte Regel. Es widerstreitet dies allerdings meinem früher gegebenen Versprechen, mich nicht zu wiederholen, aber ich habe so unendlich oft erfahren, dass diese Regel nicht gekannt war, nicht begriffen oder beherzigt wurde, dass ich, wie Cato sein „ceterum censeo" niemals vergass, auch bei jeder Gelegenheit diese Regel wieder einschärfen möchte. Im folgenden Satze verlangt die im Trio vorkommende Sequenz von Sext-Akkorden ausgiebige Uebung. Ich erlaube mir, Sie auf die Applicatur in meiner Ausgabe (Br. & H.'sche Volksausgabe) aufmerksam zu machen, da ich dieselbe in keiner einzigen andern je gefunden habe. Im Finale müssen die scharf aufeinander stossenden Piano- und Forte- oder Fortissimo-Stellen in starken Contrast gegen einander gestellt werden. Bemerkenswerth ist, dass B. den ersten Theil in der Molltonart der Quinte schliesst, nicht, wie es meist und auch im ersten Satze dieser Sonate geschieht, in der verwandten Durtonart. — Einen ungleich fröhlicheren Charakter hat die folgende Sonate in A dur, bei welcher Ihnen auffallen wird, dass B. das zweite Thema nicht in E dur, sondern in E moll bringt. Folgende Stelle ist eine Klippe, an der die jungen Clavierspieler fast immer Schiffbruch leiden:

Op. 2 No. 2
A dur

und so scheint es begreiflich, dass in allen Ausgaben folgende Erleichterung

anempfohlen wird, aber ebenso unbegreiflich ist es mir, dass man dieselbe Figur in aufsteigender Bewegung mit ganz demselben Fingersatz versehen hat, während jetzt die linke Hand das letzte Sechzehntel übernehmen muss, um die Passage wesentlich zu erleichtern:

Eine Meinungsverschiedenheit besteht wegen der halben Note *e* im 14. Takte vor dem Wiederholungszeichen. Die Steingräber'sche Ausgabe behauptet schlankweg, dass dies *e* nicht vom Autor herstamme, und dass gerade in diesem Falle ein Applaniren gemäss der analogen Stelle (im 14. Takte vor dem Ende des Satzes) nicht statthaft sei. Wenn ich persönlich dieser Ansicht nicht beistimmen kann, so gestehe ich gerne ein, dass die Gewohnheit gar mächtig ist, und dass man sich ungern von dem trennt, was man nie anders gekannt und gespielt hat. Glücklicherweise ist der Gegenstand diesmal keineswegs von Wichtigkeit, und da B. später

schrieb, so wird sein Geist uns nicht zürnen, wenn wir am Schlusse des ersten Theiles ebenfalls

spielen. Ob nicht auch möglicherweise die kurz zuvor auftretende Stelle

Einfluss auf die Erfindung jener melodischen Phrase in halben Noten gehabt hat? Die Beziehung beider Phrasen zueinander

habe ich mit Kreuzchen angedeutet. Nun nennen Sie mich einen Sophisten, ich werde Ihnen deshalb nicht grollen. — Im Durchführungstheile dieses Satzes ist wohl kaum eine Note zu entdecken, die nicht aus den Motiven des ersten Theiles hervorgegangen wäre. Nicht eindringlich genug kann ich Sie bitten, Ihre Schülerinnen stets zur Analyse des Durchführungstheiles anzuhalten, es bildet nicht allein das musikalische Auffassungsvermögen, sondern es übt auch auf den Vortrag den wohlthätigsten Einfluss aus. Im 11. Takte des Largo bieten die letzten beiden Achtel der Mittelstimmen zum gleichzeitigen Triller auf *gis* eine Schwierigkeit, und niemals wird die Mittelstimme vollständig gebunden werden, wenn man sich nicht des folgenden Fingersatzes bedient:

Im Scherzo stolpern gar viele linke Hände über die Figur zu Anfang des zweiten Theiles; ich habe immer gefunden, dass die Stelle wesentlich erleichtert wird, wenn man die erste und letzte Note der Sechzehntelgruppe mit verschiedenen Fingern nimmt, also:

Im Rondothema muss das Pedal helfen, die beiden Töne

gebunden zu spielen, wie der Componist es verlangt; wesentlicher aber bleibt immer noch, dass dem *gis* nicht der geringste Accent zufalle.

Op 2 No. 3
C dur

Weiter zur Sonate in C dur. Sie werden mit Interesse erfahren, dass der zweite Hauptgedanke des ersten Allegros ebenfalls dem oben genannten Clavier-Quartett in C dur entnommen ist. Das in Rede stehende Thema ist in dem Quartett notirt, wie folgt:

Es ergiebt sich daraus eine ziemlich genaue Uebereinstimmung mit der betreffenden Stelle in der Sonate. Die Doppelschläge im 45. und 46. Takte dieses Satzes erfahren verschiedene Deutung. Es ist allerdings kaum vorauszusetzen, dass B. die Ausführung verlangte, wie sie dem Brauch zufolge sein müsste

und demgemäss entscheiden sich Manche für die folgende Lesart

Andere für diese:

Da bei dem raschen Tempo des Satzes (Allegro con brio) die Zeit zur sauberen Ausführung der Lesart b kaum ausreichen dürfte, so würde ich mich für die Lesart a entscheiden. Der kurze Triller in der Coda kann nur folgendermassen ausgeführt werden:

und empfehle ich dringend, die letzte Note des Nachschlages mit demselben Finger zu nehmen, mit dem man den Triller anfing. Wenn dieser Triller bei anderem Fingersatz stets unklar blieb, so erwies sich mein Vorschlag immer als nutzbringend. Auch in dem Durchführungstheile dieser Sonate begegnen wir einer Episode von zwölf Takten, die ganz selbstständig ist und keine Beziehungen zu den Hauptgedanken aufweist. Nach dem zehn Takte umfassenden Orgelpunkte auf g erscheint der Hauptgedanke in C dur wieder und schliesst mit dem achten Takte ab; jetzt ahmt der Bass die letzten zwei Takte der Melodie nach, was von dem Spieler nicht übersehen werden darf. Die Cadenz gegen Schluss des Satzes giebt mir Gelegenheit zu dem Rathschlag, dass Sie Derartiges niemals in gleichmässiger Bewegung spielen lassen mögen. Cadenzen dieser Art sind zumeist aus einer Figur herausgearbeitet und klingen wie ein Stück Czerny'scher Etude mitten in einer Beethoven'schen Sonate, wenn man sie in gleicher Bewegung und Tonstärke herunterhaspelt. Ein ruhiger Anfang mit geringer Tonstärke, ein Steigern in der Bewegung und in der Stärke bis zum Höhepunkte, und ähnliche Nuancen sind in solchen Fällen stets sehr nöthig. Manche Ausgaben empfehlen für den dritten und zweiten Takt vor dem Schlusse ein Herabsteigen der Hand bis zum Contra-C. Mir ist es nicht sympathisch, in dem bescheidenen Claviersatz, den B. in diesen Sonaten cultivirt, plötzlich diese pastosen Contratöne zu vernehmen, ebenso, wie es mein Ohr oft fremdartig berührt, wenn man in der Gleichmachung analoger Stellen in der rechten Hand zu weit geht. Man liebt es jetzt ja auch, in den B.'schen Symphonien an gewissen Stellen die Trompeten weiter zu führen, als der Componist es gethan hat und begründet das Verfahren damit, dass die damaligen Instrumente eine solche Verwendung noch nicht zuliessen, die B. sich im andern Falle nicht hätte entgehen lassen, vergisst aber, meinem Empfinden nach, dass den betreffenden Stellen sofort ein Colorit gegeben wird, welches man im Uebrigen in den B.'schen reinen Orchesterwerken gar nicht kennt. In dem folgenden Adagio lassen Sie das Tempo gleich so bewegt nehmen, dass ein Beschleunigen beim Eintritt des E moll nicht nöthig wird. Beethoven wusste so gut wie wir, was man vorzuschreiben hat, wenn man eine Tempo-Veränderung wünscht. Im neunten Takte vor dem Schlusse möchten die Doppelschläge folgendermassen auszuführen sein:

Das Scherzo darf nicht so schnell begonnen werden, dass eine etwa nöthig werdende Verlangsamung des Trio irgendwie auffällig werden könnte. Ebenso hat man sorgfältig darauf zu achten, dass die ersten drei Achtel des Scherzos nicht triolenhaft erklingen. Im Schlusssatz findet sich wieder eine jener Klippen, die selbst in B.'s minder schweren Werken der Schrecken der Spieler sind. Ich brauche die Stelle nicht zu bezeichnen, denn Ihre liebe Schülerin wird die Klippe bald genug entdecken. Glück auf zur muthigen Umschiffung.

Im April 1895.

Stets ganz der Ihre   C. R.

VII.

Wir müssen bald zum Ende kommen, verehrte Freundin! und so müssen Sie sich diesmal durch einen Doppelbrief hindurchwinden!

Die Sonate in Es dur, Op. 7, athmet lauter Heiterkeit; An- Op. 7 Es dur muth und Lieblichkeit sind ihre Haupteigenschaften und selbst in den kurzen Moll-Episoden des dritten und vierten Satzes erfährt die Stimmung keine eigentliche Trübung. Die im ersten Allegro vorkommenden **Pralltriller** müssen, wie stets, **mit dem Accent auf der ersten Note gespielt werden**; in dem ziemlich raschen Tempo dieses Satzes werden sie ungefähr wie Sechzehnteltriolen

klingen. Sollten Sie übrigens an der Richtigkeit der obigen Regel hinsichtlich des Pralltrillers zweifeln, so erinnere ich Sie an die Stelle in Haydn's Schöpfung,

welche in der folgenden Ausführung

ganz undenkbar wäre. Warum aber soll der Vortrag in Instrumentalwerken anders sein, als in vokalen? Die Pausen im Thema des Largos dürfen nicht im geringsten gekürzt werden Ist es Ihnen nicht auch schon oft bewusst geworden, wie wunderschöne Pausen B. componirt hat? Er hat auch in diesem Punkte, wie in so manchem anderen, Haydn's Erbe angetreten. Bei Haydn freilich wirken die Pausen meist humoristisch, bei B. meist ernst, ja tragisch; ich erinnere nur an die Coriolan-Ouverture, an den Trauermarsch aus der Eroica etc. etc. Die Doppelschläge im 10. und 12. Takte des Largos können selbstverständlich nur ausgeführt werden, indem man die untern Akkordtöne verlässt, sobald der Doppelschlag beginnt, mithin:

Richtiger Pedalgebrauch wird den Hörer die verlassenen Töne nicht vermissen lassen. Die Ausführung des Doppelschlages im vorletzten Takte ist folgende:

Noch möchte ich daran erinnern, dass weder der erste, noch der dritte und vierte Satz zu schnell begonnen werden dürfen, damit nicht bei den späteren Perioden in bedeutend rascheren Noten ein fühlbarer Tempowechsel entstehe. In dem Minore des dritten Satzes liegt in dem Daumen der rechten Hand die Melodie, welche ich etwa folgendermassen auffasse:

nicht aber:

Die leise Betonung der Melodietöne, wie ich sie oben andeutete, verbunden mit einem weisen Pedalgebrauche wird den Zweck erreichen und eine eigenthümliche, schöne Wirkung hervorbringen. In der nun folgenden Sonate pathétique begegnen wir wieder einmal der Sonate in der Molltonart. Es ist bezeichnend für die grossen Klassiker, dass sie die Durtonart auffallend bevorzugen. Unter den 38 Sonaten, die Beethoven für das Clavier allein schrieb (die aus seiner Knabenzeit geschriebenen mitgerechnet), stehen 28 in Dur, 10 in Moll. Von seinen Symphonien sind 2 in der Molltonart, 7 in der Durtonart, von seinen Streichquartetten 12 in Dur und 5 in Moll geschrieben. Im ganzen Figaro von Mozart ist eine einzige Nummer (die 35 Takte lange Cavatine von der unglückseligen kleinen Nadel), ausschliesslich in Moll, ausserdem nur der Beginn des Duettes „Crudel! perchè finora" und der Fandango im Finale des dritten Aktes. Ja, selbst im Don Juan sind nur zwei selbstständige Nummern in Moll. — Die Sonate pathétique ist die einzige Beethoven's, welcher er selbt ein Prädicat gegeben, während er weder die Sonate Op. 28 „pastorale", noch die Sonate Op. 57 „appassionata" benannt hat. Auch hier passt das Beiwort „pathétique" streng genommen nur auf den ersten Satz und insonderheit auf die Introduction, einigermassen vielleicht auf das Adagio, aber durchaus nicht auf das Rondo. Wie in manchen anderen Sonaten, so bringt B. auch in dieser das zweite Thema in Moll, schliesst aber den ersten Theil in Es dur. Zu übersehen ist nicht, dass B. im Durchführungstheile auch das Motiv aus der Introduction

in rhythmischer Umwandlung verwerthet.

Im Hauptthema des Allegro di molto e con brio sind wieder die mit Punkten versehenen halben Noten wesentlich zu unterscheiden von den Viertelnoten mit Punkten. Ueberraschend ist es, dass die meisten Spieler beim 41. Takte des Allegros die rechte Hand über die linke stellen und dann mit jener eine seltsame Linie beschreiben, um das kleine *b* zu erreichen, welches doch in der bequemsten Weise zu fassen ist, wenn man die linke Hand unter die Höhlung der rechten stellt. Im vierten Takte der Einleitung empfehle ich, die letzten dreizehn Töne in gleichmässiger Geschwindigkeit auf dem letzten Achtel zu bringen. Auffallend ist es, wie sehr B. in diesem Satze die Molltonart in den Vordergrund stellt; nur eine kurze Episode in Es dur tritt auf. Bisher habe ich mich enthalten, Sie wiederum aufmerksam zu machen auf B.'s Kunst, seine Themen und ganzen Sätze wunderbar architektonisch aufzubauen, aber angesichts des Adagios dieser Sonate kann ich mir's nicht versagen, wieder daran zu erinnern. Im Thema springt der Höhepunkt *b* auf dem vierten Achtel des dritten Taktes sofort in die Augen, aber nun folgen Sie mir gütigst auf der ferneren Wanderung durch den Satz; im 11. Takte ist das zweigestrichene *b* nunmehr der höchste Ton, im 18. Takte das dreigestrichene *c*, im 43. Takte das dreigestrichene *e*, im 69. Takte endlich das dreigestrichene *f*; dies ist der Gipfel und nun sinkt es in den letzten vier Takten wieder bis zum kleinen as herab. Also kommt in diesem Satze der höchste Ton nur einmal und zwar nahe am Schlusse als letzte Steigerung vor. Bemerkenswerth ist, dass die Anfangsnoten des Rondos

mit dem zweiten Thema des ersten Satzes

übereinstimmen. Sonst hat der letzte Satz mit dem Character des ersten wenig Verwandtes, von Pathetischem ist kaum etwas darin zu spüren. Uebrigens war es diese Sonate, welche zuerst von allen B.'schen eine grosse Popularität erlangte.

Wenn man bedenkt, wie empfänglich das Publikum selbst für hohles Pathos ist, so kann man verstehen, dass das echte Pathos des ersten Satzes und die wundervolle Lyrik des langsamen Satzes alle Welt begeistern und auf den jungen Heros aufmerksam machen musste. — Mit der Sonate Op. 22 greift ^{Op 22 B dur} B. wieder zurück auf die sonnige Heiterkeit, wie sie uns aus den früheren Sonaten (z. B. Op. 2 No. 2 und 3, Op. 7 u. s. w.) entgegen gelacht. Er selbst schreibt an den Verleger bei Uebersendung des Manuscriptes: „Diese Sonate hat sich gewaschen, liebster Herr Bruder!" Interessant ist im Durchführungstheile die Verwerthung der vier Takte der Coda, welche ausschliesslich aus der F dur-Scala bestehen. Des Weiteren möchte ich noch auf die Passage

aufmerksam machen.

Wenn man den nächstliegenden und daher gebräuchlichsten Fingersatz nimmt, wie er vorstehend über den Noten angedeutet ist, so erfordert die Stelle eine ungewöhnliche Kraft des vierten und fünften Fingers, während der untere Fingersatz bedeutende Erleichterung verschafft. Betrachtet man B.'sche Sonaten als Fingerübungs-Material, so mag man von Schülern den oberen Fingersatz verlangen; ich aber würde dazu lieber Clementi's Etude aus dem Gradus ad Parnassum verwenden, welche ganz dasselbe Motiv behandelt.

Noch einen Fingersatz für einige Takte in der kurzen Durchführungsperiode des Rondos möchte ich Ihnen empfehlen, da ich nicht weiss, ob Sie meine Ausgabe benutzen, ich denselben aber in keiner anderen gefunden habe.

Op. 26
As dur

Selbstverständlich gilt derselbe Fingersatz dann auch für die folgende analoge Stelle. Die Sonate Op. 26 gehört wieder zu den populärsten und namentlich der darin enthaltene Trauermarsch ist den breitesten Schichten des Volkes bekannt geworden. Hinsichtlich der Variationen, welche — eine Ausnahme — den ersten Satz bilden, möchte ich zunächst erwähnen, dass ich mich ebenso wenig mit dem in fast allen Ausgaben willkürlich vorgeschriebenen Tempowechsel, von dem die Original-Ausgabe keine Spur enthält, einverstanden erklären kann, wie mit den gebräuchlichen Pausen nach dem Thema und nach jeder Variation. Was zunächst den Tempowechsel anlangt, so finden wir denselben häufig genug in B.'s Variationen-Werken vorgeschrieben, sei es nun, dass die Variationen ein selbständiges Ganze bilden, sei es, dass sie als Theil eines Ganzen auftreten. Zum Beweise meiner Behauptung mache ich aufmerksam auf die Variationen Op. 34, in denen B. sechsmaligen Tempowechsel vorschreibt, auf die 33 Variationen Op. 120, in denen fast jede Variation mit anderem Tempo bezeichnet ist, auf die Variationen mit Violoncello über ein Thema aus „Judas Maccabäus" und auf sein Op. 66, in welchen beiden Werken sich dreimaliger Tempowechsel vorfindet. In den Trio-Variationen Op. 44 sind fünf verschiedene Tempobezeichnungen. In den Variationen über das Duett aus der Zauberflöte begegnet man bei Variation 5 sogar der ausdrücklichen Vorschrift „Si prende il tempo un poco più vivace", während im Uebrigen noch dreimaliger Tempowechsel vorgeschrieben ist. Abgesehen von allen genannten Fällen, findet man in fast sämmtlichen Variationenwerken die letzte Variation mit besonderem Tempo bezeichnet. Noch verweise ich zur ferneren Erhärtung meiner Behauptung (dass B. es nie versäumt habe einen gewollten Tempowechsel ausdrücklich zu bezeichnen) auf die Variationen, welche sich als Theile eines Ganzen in der Sonate Op. 109 und in den Trios Op. 1 No. 3 und Op. 97 vorfinden. Warum soll man nun voraussetzen, dass B. im vorliegenden Falle nachlässig bezeichnet habe, während es nahe liegt, dass B. gerade die Variationen, die einen ersten Satz vertreten sollen, in einheitlichem Tempo gewünscht habe? Und weil fühlbare Pausen zwischen dem Thema und den Variationen unter sich ebenfalls die Einheitlichkeit stören, so kann ich mich auch zu diesen Pausen nicht bekennen. Ich dürfte wohl zu Gunsten meiner Ansicht noch anführen, wie B. den in Variationenform geschriebenen Schlusssatz der Violin-Sonate Op. 96 auch dergestalt geschrieben hat, dass das Trennen der einzelnen Variationen von einander eine Gewaltthätigkeit wäre. Ich könnte der Beispiele noch mehrere anführen, fürchte aber Sie damit zu langweilen und glaube auch, dass ich nicht bloss behauptet habe, sondern aus B. selbst zu abstrahiren suchte, was er gewollt. Also lassen Sie die Variationen ohne fühlbare Pausen und ohne fühlbaren Tempowechsel spielen. Freilich darf das Thema auch nicht zu langsam genommen werden; die Tempobezeichnungen von ♪ = 72 oder 76 (wie einige Ausgaben hinzufügen), welche dann Temposteigerungen bis zu ♪ = 96 mit sich bringen, bedeuten, meinem Empfinden nach, ein zu langsames Tempo. Lassen Sie die zweite und die letzte Variation als Richtschnur für das Thema und die übrigen Variationen gelten. Dass ich mir bei alledem diesen Satz nicht nach den Pendelschwingungen eines Metronoms gespielt denke, bedarf wohl kaum der Erwähnung; eine kleine Schwankung hier oder dort wird jeder einsichtige Spieler eintreten lassen, und eine nicht ganz unmittelbare Folge der fünften auf die vierte Variation wird der Empfindung eines Jeden entsprechen; deshalb warnte ich speciell nur vor „fühlbarem" Tempowechsel und „fühlbaren" Pausen, welchen man die Absichtlichkeit anmerkt. Auch warne ich vor einer irgendwie bravourmässigen Auffassung der zweiten Variation, welche daselbst gar nicht am Platze ist. Das Scherzo sowohl wie das Finale bieten manche technische Schwierigkeiten, während der Trauermarsch nur eine ausserordentlich sorgfältige Nuancirung, Klangfülle (selbst im Piano) und ein subtiles Herausarbeiten solcher Contraste wie vom pp des 16. Taktes bis zum Fortissmo des 19. verlangt. Interessant war es mir, in einem B.'schen Skizzenbuche folgenden ersten Entwurf zu dem Mittelsatze in As dur zu finden, welchen ich Ihnen allerdings aus dem Gedächtnisse aufschreiben muss, für dessen Richtigkeit in der Hauptsache ich aber glaube einstehen zu können.

Ein Beweis, wie B. sich so oft mit seinen ersten Eingebungen nicht begnügte, und wie er andererseits im Stande war, aus den einfachsten, oft fast naiven Gedanken etwas Bedeutendes entstehen zu lassen. Es folgen nun die beiden So-

Op. 27 No. 1
Es dur

naten Op. 27, von B. „Sonata quasi una Fantasia" genannt. Damit ist genugsam angedeutet, dass sie von der gewohnten Sonatenform abweichen. Beide aber enthalten zwei Sätze (den das Scherzo vertretenden Satz und das Finale), welche ganz streng in der hergebrachten Form geschrieben sind. Die Form des ersten Satzes von No. 1 ist so licht und klar, dass ich es für eine kleine Beleidigung gegen Sie halten müsste, wenn ich mich darüber verbreiten wollte. Dagegen wage ich es, Sie besonders darauf aufmerksam zu machen, wie dies ganze Andante so unausgesetzt mit den Bezeichnungen pp und p versehen ist, dass man auf die zarteste Behandlung des Satzes nicht genug Acht geben kann und demgemäss die Crescendi niemals zu einem wirklichen Forte führen, die Sforzati nie schroff und herb nehmen darf.*) Auch das Allegro molto e vivace muss in den Piano-Stellen ohne jeden Accent gespielt werden; es soll, abgesehen von den Forte-Stellen, gleichsam schattenhaft vorbeihuschen. In der Stuttgarter Ausgabe begegnen wir der sehr richtigen Bemerkung, dass die zweitaktigen Rhythmen dieses Satzes ihren Accent nicht in Takt eins, drei, fünf etc., sondern in Takt zwei, vier, sechs, etc. haben, so dass der erste Takt so zu sagen einen Auftakt bildet und, im⁶/₄-Takt dargestellt, folgendermassen aussehen würde:

Dieser Accent darf aber selbstverständlich nur ein sehr geringer sein. (Es liegt hier also ein ähnlicher Fall vor, wie bei dem Finale der Sonate Op. 14 No. 2.) Noch muss ich daran erinnern, dass die letzte der drei unter einem Bogen stehenden Noten nicht absichtlich gekürzt werden darf, wie wenn die letzte Note ein Achtel oder als Viertelnote mit einem Staccatopunkt bezeichnet wäre:

In Betreff der beiden letzten Sätze erwähne ich nichts weiter,

---

*) Herr von Elterlein nennt diesen Satz einfach „einen misslungenen Versuch".

als dass die Cadenz am Schlusse des letzten Adagios nicht schnell gespielt, vor Allem nicht hastig begonnen werden darf. In einem Adagio darf eine Cadenz eben nicht so rasch gespielt werden wie in einem Allegro; überdies hat B. sie auch nur in Sechzehnteln notirt. Die nun folgende Cis moll-Sonate ist weit verbreiteter als ihre Schwester. Man nennt sie „Mondschein-Sonate". Ich möchte wissen, was die beiden letzten Sätze mit Mondschein zu schaffen haben*)! Aber das ist ja ganz gleichgiltig, die Sonate ist einfach ein wunderbar poetisches Meisterwerk, und es wäre ebenso thöricht wie überflüssig, wollte ich ihm ein poetisches Programm unterschieben, dessen es wahrlich nicht bedarf. Ueber den Vortrag des ersten Satzes sagt B. selbst Alles, was zu sagen ist mit den Worten „Si deve suonare tutto questo pezzo delicatissimamente e senza sordini" und ich füge nur hinzu, dass der Pedalgebrauch, den B. durch die Worte „senza sordini" vorschreibt, ein weiser sein muss, insofern, als man die Dämpfer bei jedesmaligem Harmoniewechsel niederlassen muss. Sehr wichtig ist es, dass man die Finger, welche die Triolenbegleitung zu spielen haben, sehr sorgsam gleich nach dem Anschlage wieder hebt und namentlich den Daumen nicht ruhen lässt. Wird dies nicht versäumt und nimmt man ein nicht zu schleppendes Tempo, so wird sich die Melodie wundervoll von dem Uebrigen loslösen. Bei der Wahl des Tempos dürfen Sie nicht die Begleitungsfigur als massgebend betrachten, sondern ausschliesslich die Melodie, welche durch ein allzu langsames Tempo leicht unverständlich werden kann. Der Vortrag dieses Satzes und des folgenden Allegrettos durch Liszt ist mir unvergesslich, obgleich fast 60 Jahre dazwischen liegen. Sie können daraus ermessen, wie gross der Eindruck war, obgleich (oder vielleicht gerade weil) der Vortrag ein so überaus schlichter und echter war. Wie B. sich wohl gehütet hat zwischen das tief empfundene Adagio

---

*) Ich spielte diese Sonate einst an einem Hofe; nach Beendigung derselben trat die Königin an mich heran und bat mich, nunmehr auch die „Mondschein-Sonate" zu spielen. Mir blieb natürlich nichts anderers übrig, als der hohen Frau zu sagen, dass das soeben vorgetragene Stück die „Mondschein-Sonate" gewesen sei, dass aber freilich die beiden letzten Sätze diesen Beinamen keineswegs rechtfertigten.

und das in stürmischer Leidenschaft dahin brausende Presto ein Scherzo zu schreiben, vielmehr einen schlichten stimmungsvollen Satz, der eine goldene Brücke vom ersten zum letzten Satze bildet, so vermied auch Liszt Alles im Vortrage, was scherzo-artig anklingen konnte. Er spielte den Satz wie einen Dialog, der mit einer Frage beginnt, jeden scharfen Accent vermeidend. Ein genialer Vortrag lässt sich freilich nicht genügend erläutern und beschreiben, aber Sie werden mich verstehen.*) Im Finale darf man nicht übersehen, dass die im 2., 4., 6., 7. und 8. Takte stehenden Sforzati mitten im Piano stehen und dass dieses also stets mit dem letzten Achtel wieder eintreten muss. Der Triller im 16. Takte nach der ersten Fermate hat mit der Hauptnote zu beginnen und kann er, wenn man das Finale im richtigen Tempo nimmt, nicht mehr als fünf Töne umfassen:

Die kleinen Noten im 5. und 4. Takte vor dem Schlusse des ersten Theils und die analogen Akkorde gegen Ende des ganzen Satzes müssen gespielt werden, als hätte B. gebrochene Akkorde

vorgeschrieben. Der Triller im 14. Takte vor dem Schlusse des Satzes muss ohne Nachschlag und die kleine Cadenz ruhig gespielt werden, denn sie leitet in die zwei mit Adagio bezeichneten Takte ein. Die Cadenz besteht aus der sogenannten harmonischen Molltonleiter mit den dazwischen gestreuten Tönen des verminderten Septimenakkordes, und meinem Empfinden nach wird man beiden Factoren am besten gerecht, wenn man sich die Eintheilung in nachstehender Weise denkt.

---

*) Herr von Elterlein meint, dieser Satz sei nichts weiter als eine Menuett (!) im Mozart'schen Style.

Zu übersehen ist endlich nicht, dass B. in dieser Sonate auf jegliche Polyphonie verzichtet hat; sie steht in dieser Beziehung vielleicht ganz einzig da. Der nun folgenden Sonate in Ddur Op. 28 hat man den Beinamen „pastorale" gegeben, mit nicht mehr und nicht weniger Berechtigung als ähnliche Bezeichnungen einigen anderen Sonaten beigelegt wurden. Jedenfalls wohnt dieser Sonate eine Stimmung inne, so still, so weich, so leidenschaftslos, wie kaum irgend einer anderen. Im ersten Theile des Allegros kommen nur einzelne mit forte bezeichnete Takte vor, und auch ferner kehrt B. immer wieder rasch zum Piano und Pianissimo zurück. Es scheint mir diesem eigenartigen Charakter des ganzen Satzes zu entsprechen, wenn man im 28. Takte nicht zu scharf rhythmisirt und sich nicht darauf capricirt, zum ersten Viertel genau zwei und zu den nächsten je drei Achtel zu spielen; vielmehr ist hier ein gewisser Ausgleich, wodurch alle acht Töne der rechten Hand gleichmässig rasch zu Gehör kommen, wohl am Platze. Im 50. Takte empfehle ich für die rechte Hand folgenden Fingersatz:

damit das *d* als Viertel ausgehalten werden könne, was bei dem Fingersatz, welchen die Stuttgarter, wie auch die Steingräber'sche Ausgabe vorschreibt:

unmöglich ist. Im 39. Takte vor den drei Takten, welche mit Adagio bezeichnet sind, hat B. ein plötzliches Piano nach dem Fortissimo vorgeschrieben, welches ja nicht zu übersehen ist;

zwar hält die Stuttgarter Ausgabe dieses piano, wie sie in einer besonderen Anmerkung betont, für falsch, dem gegenüber ich Ihnen aber mittheilen kann, dass ich meine Ausgabe nach dem Autograph B.'s sorgfältig revidirt habe und dass dies Piano ebenso echt ist, wie die darauf folgenden Sforzati es sind. Freilich dürfen die letzteren hier nicht mehr so scharf genommen werden, wie dies vorher mitten im Fortissimo nöthig war. Die übrigens sehr schätzenswerthe Steingräber'sche Ausgabe hinwiederum schreibt zu Anfang des zweiten Theiles von Takt 4 zu 5 Bindebögen vor,

welche nicht echt sind. Das Andante fordert zu nur wenigen Bemerkungen heraus. Takt 7 und 8 des zweiten Theils dürfen ja nicht, nach der verwerflichen Art mancher Dilettanten, geeilt werden, ebenso wenig darf die Episode in Dur irgendwie schneller genommen werden, und muss man sich sehr hüten, derselben durch den Vortrag einen etwas scherzo-artigen Charakter zu verleihen; nur Anmuth und Lieblichkeit dürfen dem Ernst des Hauptgedankens gegenüber stehen. Im vorletzten Takte schreiben einige Ausgaben ein *his* im Doppelschlage vor; das ist falsch, B. hat ausdrücklich ∞ vorgeschrieben. Eigenthümlich ist im Trio des Scherzo die beharrliche Wiederkehr des folgenden Motivs,

welche im Vortrage eine kleine Dosis Humor verträgt. Bei dem Schlusssatze muss ich immer an fernen Glockenklang, an Waldesrauschen und dergleichen denken, ein Anderer wird mit gleicher Berechtigung etwas ganz Anderes heraushören, aber jedenfalls hat derjenige Unrecht, welcher in den Sechzehnteln vom 17. Takte an, nur arpeggirte Akkorde erkennt. Die versteckte Melodie, *fis e d cis h a* etc., muss zart angedeutet werden, und beide Hände müssen ganz in Eins verschmelzen, daher ist es auch zu empfehlen, dass man ungefähr so spiele:

In einigen Ausgaben fehlt der Bindebogen zwischen den beiden *e* vom 29. bis zum 30. Takte und später zwischen den beiden *a* in der Parallelstelle; im B.'schen Autograph finden sie sich. Die dreistimmige Episode in G dur muss ganz gleichmässig pianissimo gespielt werden bis zu dem nach zwölf Takten vorgeschriebenen Crescendo; dann aber muss der Bass im Fortissimo wie Orgelton erklingen. Für die folgende Figur empfehle ich, anstatt des allgemein vorgeschriebenen oberen Fingersatzes, den unteren:

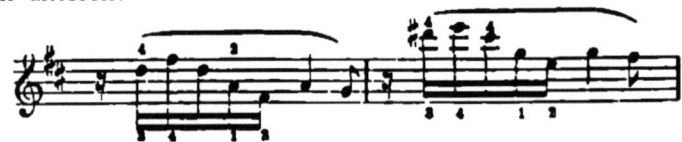

Die Basstöne der beiden Schlussakkorde lauten *a*, *d*, und so sage auch ich für heute, verehrte Freundin: Ade!

Der Ihre   C. R.

Leipzig, am 17. Mai 1895.

VIII.

Sie werden sich erinnern, geehrte Frau, dass B. in gar mancher seiner Sonaten das zweite Thema zuerst in der Molltonart auftreten lässt und sich erst später zur Durtonart wendet. In der Sonate Op. 31 No. 1 in G dur finden Sie es umgekehrt: erst erklingt es in H dur, dann in H moll; auch der Abschluss des ersten Theiles auf der Terz anstatt auf der Quinte ist etwas Ungewöhnliches. Da ich Ihnen über die Mittel zur richtigen Auffassung des ersten Satzes nichts Besonderes zu sagen wüsste, ohne schon früher Gesagtes zu wiederholen, so will ich Ihnen wenigstens eine kleine, auf denselben bezügliche Anekdote nicht vorenthalten, welche Ferdinand Ries mit folgenden Worten erzählt: „Als die Correctur ankam, fand ich B. beim Schreiben, „„Spielen Sie die Sonate einmal durch"", sagte er zu mir, wobei er am Schreibpult sitzen blieb. Es waren ungemein viel Fehler darin, wodurch B. schon ungeduldig wurde. Am Schlusse des ersten Allegros in der Sonate in G dur hatte aber Nägeli sogar vier Takte hinein componirt, nämlich nach dem vierten Takte des letzten Halts die folgenden:

Op. 31 No. 1
G dur

Als ich dies spielte, sprang B. wüthend auf, kam herbeigerannt und stiess mich halb vom Clavier, schreiend: „"„Wo steht das, zum Teufel?"" Sein Erstaunen und seinen Zorn kann man sich denken, als er es so gedruckt sah. Ich erhielt den Auftrag, ein Verzeichniss aller Fehler zu machen und die Sonaten auf der Stelle an Simrock in Bonn zu schicken, der sie nachstechen und zusetzen sollte: „Edition très-correcte"". — Der Verleger Nägeli in Zürich, der die unglaubliche Frechheit gehabt hatte, vier Takte von unbeschreiblicher Geschmacklosigkeit in B.'s Sonate hineinzucomponiren, ist derjenige, dem wir das bekannte Lied „Freut euch des Lebens", zugleich aber auch eine Auslassung über Mozart's sogenannte Schlussfuge in der C dur-(Jupiter)-Symphonie verdanken, welche mich, als ich sie einst in meinen Knabenjahren las, in eine solche Erregung versetzte, dass ich das Buch in den entferntesten Winkel des Zimmers schleuderte. Das Zimmer war allerdings sehr klein. Nicht zu übersehen ist, dass wir in diesem Satze zu allererst einem breit ausgeführten Schlusse begegnen, wie wir ihn nicht selten in B.'s Orchesterwerken finden. Die dreissig Takte nach der Fermate drängen mit den ausschliesslich auf Dominante und Tonica wechselnden Akkorden unaufhaltsam zum Schlusse hin, während B. bis dahin meist in kürzester Weise abschloss. Auch in den beiden folgenden Sätzen finden wir sehr breite Abschlüsse. Das Thema des folgenden Adagios gemahnt in seinen Grundzügen auffallend an Haydns Arie aus der Schöpfung „Mit Würd' und Hoheit angethan",

und beiden Themen ist die spätere Steigerung bis in's *a* gemeinsam. Halten Sie mich aber um dieses Vergleiches halber nicht für einen Reminiscenzenjäger! Ich weiss sehr wohl, dass B. nicht nöthig hatte, bei Haydn Anleihen zu machen, aber ich halte es für interessant, dem Begegnen solcher Meister nachzuspüren. Was ich früher über die Art und Weise, Cadenzen in langsamen Sätzen zu spielen, gesagt habe, bringe ich hier in Erinnerung: ruhig beginnen und allmählich beschleunigen! Im 25. Takte vor dem Schlusse finden sich drei Gruppen mit elf 32steln; am wünschenswerthesten ist es natürlich, wenn je elf Töne ganz gleichmässig gespielt werden, gelingt dies aber nicht, so theilen Sie, wie folgt, ein:

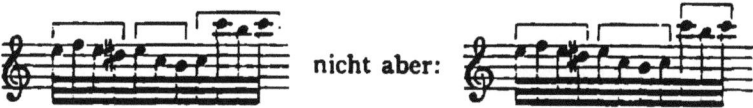

Eine solche Gruppe darf nie gegen den Schluss hin langsamer gespielt werden. Der letzte Satz wird oft, der Bezeichnung Allegretto entgegen, zu rasch genommen; auch die häufig vorkommenden Achteltriolen gebieten ein gemässigtes Tempo. Dagegen dürfen die wenigen, mit Adagio bezeichneten Takte keinesfalls sehr langsam genommen werden, weil dadurch der Fluss des Ganzen leidet und, damit zusammenhängend, das Verständniss für den Hörer erschwert wird. So schön und herzerquickend auch diese Sonate ist, so wird sie doch meinem Empfinden nach von der folgenden in D moll weit überstrahlt.
Wie verwendet B. das einfachste aller Motive, den Akkord:

mit welchem er den ersten Satz beginnt! Einige zwanzig Male kehrt es wieder. Nottebohm erzählt uns, dass B. den ganzen ersten Satz auf eine kleine Seite in den knappesten Umrissen skizzirt habe. Allerdings ist er ja auch wie aus einem Gusse geformt. Auffallend ist es, dass B. in diesem ganzen Satze die Durtonart nicht ein einziges Mal einführt, ja, er bringt sogar nur ein einziges Mal einen tonischen Dur-Dreiklang! Demgegenüber finden Sie im zweiten Satze nur dreimal einen Moll-Dreiklang von je einem Viertel Dauer, während alles Uebrige im hellsten Dur erstrahlt. Und nun der dritte Satz? Nur achtzehn Takte finden sich, die einer Durtonart angehören, im ersten Theile sieben Takte C dur (vom Takt 35—41) und im zweiten Theile die elftaktige reizende Episode in B dur, welche allerdings wie ein Sonnenblick leuchtet. Ob dies Zufall? Ich glaube nicht! Und nun zu einigen Einzelheiten. Der erste Akkord darf nicht breit auseinander gelegt werden. Das Arpeggio-Zeichen hat überhaupt immer nur die Bedeutung, dass der betreffende Akkord nicht ganz präcise angeschlagen werden soll; verlangt der Komponist wirklich ein breites Auseinanderlegen, so notirt er es anders. Ob man vom 21. Takte ab, sowohl das Hauptmotiv des Basses, wie auch das demselben gegenüber gestellte melodische Motiv mit der linken Hand, oder ob man das letztere mit der rechten Hand spielt, halte ich für ziemlich gleichgültig, man kann auf beiderlei Weise die zwei Motive von einander abheben. Interessant ist die Verwandtschaft zwischen einer Periode aus Mozarts C moll-Concert und der folgenden aus diesem Satze

Die Art, wie B. zu Anfang des zweiten Theiles die Arpeggios notirt hat, bestätigt meine obige Ansicht. Hier müssen sie breiter auseinander gelegt werden, und eine Vertheilung unter beide Hände derart, dass die linke Hand jedes Mal die halbe Note übernimmt, ist sehr zu empfehlen. Die zweite der beiden recitativischen Stellen, welche mit Largo bezeichnet sind, findet man allgemein folgendermassen

notirt, während es in der massgebenden ältesten Ausgabe

heisst, eine Lesart, der auch unbedingt der Vorzug zu geben ist. Bei beiden Stellen ist die echt Beethoven'sche Bezeichnung „con espressione e semplice" nicht zu übersehen. Die Worte con espressione e semplice charakterisiren in kürzester und prägnantester Weise überhaupt das Wesen des guten und edlen Vortrages, und heutzutage möchte man unendlich oft den Interpreten, seien es Sänger oder Spieler oder Dirigenten, zurufen: e semplice! Wo ist das semplice hin!? Die vier Akkorde nach dem zweiten Largo können kaum zart genug gespielt werden, während die analogen Akkorde im 9. und 10. Takte des Allegros kaum heftig genug erklingen können. Im Adagio ist der Doppelschlag im 10. Takte in folgender Art auszuführen:

und selbstverständlich gilt diese Art der Ausführung für alle analogen Fälle, im 12. und 14. Takte etc.; während im 20. Takte die Ausführung die folgende ist:

Vom 23. Takte an ist das von B. geforderte Ueberschlagen der linken Hand über die rechte unbequem, und halte ich die Spielweise, wie ich sie in meiner Ausgabe vorgeschlagen habe, für keine unerlaubte Willkür, wohl aber für eine grosse Erleichterung. Im 10. Takte vor dem Schlusse dürfen die kleinen Noten nicht zu rasch gespielt werden, da dies dem Charakter des Satzes zuwiderlaufen würde. Im letzten Satze ist die Bezeichnung „Allegretto" sehr zu beachten; ein zu rasches Tempo verleiht dem Satze leicht ein etudenhaftes Gepräge, an welches der Componist niemals gedacht haben kann. Ein Clavierstück von B., welches er „für Elise" am 17. April 1810 schrieb und

welches folgendes, mit dem Finale der D moll-Sonate sehr verwandte Motiv enthält:

ist mit der Tempobezeichnung „Poco moto" bezeichnet, und dürfte dies meine Ansicht bestätigen. Uebrigens finden wir hier wieder einmal ein Beispiel für B.'s Liebhaberei, seine Gedanken in kurzen Taktarten zu notiren, während die Betonung nicht demgemäss ausfallen darf. Wollte man dem ersten Achtel jeden Taktes denselben Accent verleihen, so würde das Leichtbeschwingte des Satzes ganz verloren gehen; ja, zu Anfange würde ich sogar je vier Takte als eine Gruppe zusammenfassen und nur im ersten und fünften Takte dem ersten Achtel eine feine Betonung zu Theil werden lassen. Durch das perpetuum mobile dieses Satzes (in welchem die Sechzehntel-Bewegung kaum je unterbrochen wird) zieht sich übrigens versteckt ein melodischer Faden hindurch, den der Spieler, will er den Satz in der richtigen Weise zur Geltung bringen, nicht übersehen darf; noch will ich erwähnen, dass in dieser Sonate zweimal die Fälle vorkommen, bei denen B. wegen des unzureichenden Umfangs des Claviers die Parallelstelle umformt, aber jedes Mal so, dass ein Nivelliren derselben eine besondere Schönheit unterdrücken würde. Es sind dies folgende Stellen: im ersten Satze 40 Takte vor dem Schlusse (gegenüber der Parallelstelle im ersten Theile) und im Finale im 93. Takte vor dem Ende der ganzen Sonate (gegenüber der entsprechenden Stelle im ersten Theile dieses Satzes); beide Stellen sind eine Mahnung, dass man mit dem Nivelliren der Parallelstellen nicht allzu schnell bereit sein möge. Ueberdies findet man bei B. häufig, dass er in den Parallelstellen das Frühere auch ohne den Grund des unzureichenden Claviers nicht genau abschrieb. Ich erinnere nur unter Anderem an das zweite Thema im ersten Satze des grossen B dur-Trios Op. 97. Auch in der Op. 31 No 3 Es dur nun folgenden Sonate in Es dur finden Sie eine Stelle, welche B. durch die mit Rücksicht auf das Clavier gebotene Umwandlung zu einer besonders schönen Steigerung (eine Erweiterung um 2 Takte) veranlasste. Wer möchte sich unterfangen aus Nivellirungsgelüsten diese beiden Takte wieder zu unterschlagen! Die betreffende Stelle werden Sie leicht entdecken. — Bis dahin habe ich's unterlassen, Sie immer wieder auf die hochinteressante thematische Arbeit namentlich in den ersten Sätzen der B.'schen Sonaten hinzuweisen, aber bei der gegenwärtigen kann ich mir's nicht versagen, Sie darauf aufmerksam zu machen, dass das erste Motiv

mit all seinen Umwandlungen

wohl an die hundert Mal vorkommt. Das Fragende, Ahnungsvolle, Präludierende, oder wie Sie es nennen wollen, welches in den ersten sechs Takten liegt, muss selbstverständlich zum charakteristischen Ausdruck gebracht werden, und genaueste Beachtung der B.'schen Vorschriften: p, ritard., cresc., schönes portamento der drei Akkorde im 3. und 5. Takte, wird vollkommen ausreichen, um der B.'schen Intention gerecht zu werden. Sehr zu achten ist darauf, dass bei folgender Figur:

ein leichter Accent immer nur auf die erste Note komme. Ich erreiche einen derartigen zarten Accent am besten, indem ich die Hand etwa sechs Centimeter hoch hebe und nur das geringe Gewicht derselben beim Niederfallen wirken lasse, ohne den Finger selbstständig anschlagen zu lassen. Das ist aber vielleicht eine Eigenthümlichkeit, die Anderen nicht passt und die ich daher Ihren Zöglingen nicht octroyiren will. In Takt 44 ist die echt B.'sche Vorschrift in Betreff des Dynamischen die folgende:

nicht aber soll die rechte Hand bereits forte eintreten, wie einige Ausgaben es vorschreiben. In Takt 53 wird eine allzu ängstliche Eintheilung von vier, fünf und zwölf Noten auf je ein Viertel nicht schön wirken, und ein gewisses laissez aller möchte hier ganz am Platze sein. Die ganze Stelle von vier Takten bildet ja überhaupt nur eine Uebergangsgruppe und kann demgemäss elastischer behandelt werden, als eine gefestigte Melodie oder Passagengruppe. Beim Scherzo darf die Bezeichnung Allegretto vivace nicht zu allzu raschem Tempo verleiten. Die häufig vorkommenden 32stel, namentlich wenn sie in Terzen in der linken Hand auftreten, gegenüber der Sechzehntelfigur in der rechten Hand, weisen auf das rechte Tempo hin. Zu scherzoartig darf der Satz übrigens nicht angefasst werden; es liegt etwas eigenthümlich Sinnendes darüber ausgebreitet, ja, vom letzten Achtel des 9. Taktes bis zur Fermate ist es, als besänne sich der Meister auf das nun folgende; es muss quasi parlando gespielt werden, durchaus — wie vorgeschrieben — pianissimo und ohne jegliche Nüance bis zum a tempo. Ueber die Menuett ist nichts weiter zu sagen, als dass beim Trio (über welches Saint-Saëns die interessanten Variationen für zwei Flügel geschrieben hat) nicht die geringste Beschleunigung des Tempos eintreten darf, eine Manier, zu der Dilettanten sehr geneigt sind, sobald sie plötzlich langsamere Notengattungen zu spielen haben. Leben Sie so froh und glücklich, wie das folgende Finale Frohsinn und Glück athmet. Wenn man es technisch bewältigen kann, so spielt es sich, um einen vulgären Ausdruck zu gebrauchen, „von selbst". Der Ihre . C. R.

Leipzig, 16. Juni 1895.

IX.

In Ihrem letzten Briefe, verehrte Freundin, fragen Sie, ob es reiner Zufall sei, dass ich Ihnen bis dahin niemals einen Tempowechsel, ein Ritardando oder Stringendo oder dergleichen in irgend einer der besprochenen B.'schen Sonaten angerathen habe oder, ob ich ein streng eingehaltenes Zeitmass verlange? Unlängst hätten Sie bei einer Aufführung der B.'schen C moll-Symphonie im ersten Satze verschiedene Tempowechsel und im Finale ein nicht vorgeschriebenes riesiges Ritardando wahrgenommen. Es ist nicht Zufall, verehrte Frau! Nicht ein Mal, sondern hundertfach habe ich wahrgenommen, dass Vorschriften derart stets zur Uebertreibung führen, während der feinfühlende Interpret die kleinen Schwankungen, welche erwünscht sein mögen, in der richtigen Weise bringen wird, wenn garnichts vorgeschrieben ist. Es ist aber immer noch besser, wenn der weniger Beanlagte solche Nüancen ganz weglässt, als wenn er über das Maass hinausgeht. Selbstverständlich giebt es Werke, die erst durch ein gewisses „in Scene setzen" zu besonderer Geltung gebracht werden können, aber dazu gehören doch wahrlich B.'sche Werke nicht! Wenn B, wie z. B. in der nun zu besprechenden sogenannten „Waldstein-Sonate", das zweite Thema durch eine zwölftaktige Periode auf der Dominante vorbereitet, so hat er doch wahrlich auf rein musikalische Art Alles erreicht, was nöthig ist, um den Hörer nach dem endlich eintretenden zweiten Thema dürsten zu machen, und jedes fühlbare Ritardando wäre ein Pleonasmus. Ebenso hat die betreffende Periode im Finale der C moll-Symphonie eine Ausdehnung von zwölf Takten. Es ist überhaupt interessant zu beobachten, wie breite Einleitungen B. in seinem grösseren Werken anwendet, um ein neues Thema einzuführen, beziehentlich um ein früheres Thema wiederzubringen. Im Finale der C dur-Sonate Op. 2 umfasst beispielsweise ein solcher Uebergang 17, in der B dur-Symphonie 27, in der Waldstein-Sonate 20 Takte! Was soll und will da noch ein Ritardando? Wie man aber das zweite Thema in der C moll-Symphonie verlangsamen kann, da B. das Hauptmotiv gleichzeitig damit verbindet, ist mir unbegreiflich! Ich kann mir nicht versagen, Ihnen hier eine These aus meiner kleinen Broschüre „Winke und Rathschläge für die musikalische Jugend" zu wiederholen, welche lautet: „Wenn Mozart sagt: ‹das Nothwendigste, Härteste und die Hauptsache in der Musique ist das Tempo›, wenn derselbe sich rühmt, ‹dass er immer accurat im Takte bleibe›, wenn Beethoven, wie Ferdinand Ries berichtet, stets im Tempo gespielt habe, wenn Schumann in seinen Haus- und Lebensregeln lehrt: ‹spiele im Takte! Das Spiel mancher Virtuosen ist wie der Gang eines Betrunkenen. Solche nimm Dir nicht zum Muster!› wenn Hummel sagt: ›der Spieler muss sein Zeitmaass das ganze Stück hindurch streng beobachten, die Begleiter dürfen vom Spieler über das herrschende Tempo keinen Augenblick irre geleitet werden, sondern er muss sein Stück so richtig und geregelt vortragen, dass sie ihn ohne Furcht begleiten können und nicht nöthig haben, fast bei jedem Takte auf eine Abweichung vom Zeitmaass zu horchen. Der Spieler ist daher oft selbst schuld, wenn er auch vom guten Orchester schlecht accompagnirt wird›, wenn endlich Chopin schreibt: ›die linke Hand soll wie ein Capellmeister sein, nicht auf einen Augenblick darf sie unsicher und wankend sein›, so sind das fünf, nicht üble Autoritäten, welche das ‹im Takte spielen› fordern und man muss sich bass wundern, dass trotzdem so viel dagegen gesündigt wird."*) — So lange ich athme, werde

---

*) Carl Mikuli, ein Schüler Chopin's schreibt überdies: „Im Tempohalten war Chopin unerbittlich, und es wird Manchen überraschen, zu erfahren, dass das Metronom bei ihm nicht vom Claviere kam".

ich nicht müde werden, gegen den immer mehr um sich greifenden Unfug des Tempo-Veränderns in klassischen Werken zu eifern und wenn ich darob gesteinigt würde. Schon jetzt hört man sich eine klassische Symphonie nicht mehr an, um das Werk zu geniessen, sondern um darauf zu achten, welche Willkürlichkeiten sich dieser oder jener Dirigent gestattet, und wenn es nun ganz anders ist, als man es von jeher gehört hatte, dann jubelt man ihm zu und ruft „der versteht's, man erkennt das Werk ja garnicht wieder". Der Zweck ist erreicht, denn der Dirigent hat Effekt gemacht; auf das Werk kommt es ja nicht mehr an. Und selbst die bessere Kritik scheint heutzutage gegen solche unkünstlerische Effekthaschereien unempfindlich geworden zu sein, oder sie scheut sich, dieselben su rügen. In dem obenerwähnten Schriftchen führe ich an, dass B.'s Zeitgenosse Ritter Ignaz von Seyfried erzählt, wie jener dem Wiener Schuppanzigh'schen Streichquartette seine Werke dieser Gattung „haarscharf genau, wie er sie so und schlechterdings nicht anders haben wollte" einstudierte. Von Willkür seitens der Ausführenden wollte also B. nichts wissen! Und das mit vollem Rechte! — Doch nun zur Sache, id est, zur Sonate Op. 53. Ich werde mich aber kurz fassen, denn wer bis zu dieser Sonate gelangt ist, sollte billigerweise auf eigenen Füssen stehen; indess mag einem Jedem hie und da ein guter Rath, eine kleine historische Mittheilung oder dergl. willkommen sein. Eigentlich hätte die Taktart des ersten Satzes wohl als alla breve ($^2/_2$ Takt), nicht als $^4/_4$ Takt bezeichnet werden sollen. Das zweite Thema in E dur beweist dies auf's Evidenteste; bei der Wiederholung desselben hört man häufig den Daumen der rechten Hand zu sehr hervortreten, während doch derjenige der linken Hand die Melodie zu spielen hat.

Der Zufall, dass B. dasselbe Thema, wenn es im zweiten Theile in C dur auftritt, auf das obere System allein notirt hat, ist schuld daran, dass in den gestochenen Ausgaben die Vertheilung der Stimmen verkehrt ausgefallen ist; es darf von der linken Hand nur wie folgt gespielt werden:

Op. 53 C dur Waldstein Sonate

während die vier kleinen Noten *f e d c* von der rechten Hand übernommen werden müssen. Vier Takte später hat B. auch in dieser Weise notirt. Bülow hat in der Cotta'schen Ausgabe, viele sehr fein musikalische Winke gegeben, auf die ich Sie gerne aufmerksam mache, jedoch kann ich — auch abgesehen von den seinerseits vorgeschriebenen Tempo-Veränderungen — mich nicht mit Allem einverstanden erklären. Wenn Bülow z. B. 16 Takte vor dem Abschlusse des ersten Theiles den Triller mit dem Nebentone begonnen haben will und gleichzeitig Sechzehntelbewegung als hinreichend bezeichnet, so ergiebt das folgenden unschönen Klang:

Ich halte es für nöthig, schneller zu trillern und den Triller mit *dis* zu beginnen. Ebenso kann ich Bülow's Verlangen, die Fermaten, welche in diesem Satze vorkommen, genau zwei Takte lang auszuhalten, nicht gut heissen. Fermaten liegen ausserhalb des Metrums und das Aushalten derselben muss den Hörer fühlen lassen, dass er nicht im Banne des Taktes steht. Die Stellen im zweiten Theile, aus Anlass derer Bülow jene Anweisung giebt, lauten folgendermassen:

und mich veranlassen dieselben, Ihnen die Regel zu geben, dass **unerwartete Tonfolgen nie ganz so gespielt werden dürfen, wie die ganz schlichte, vorher erwartete Tonfolge gespielt werden musste.** Im Anfange der Sonate, Takt 12 und 13, heisst es:

Letzteres *g* ist, als Dominante von *c*, der von jedem Unbefangenen vorausgesetzte Ton und muss demgemäss ganz unbefangen gespielt werden, während das *as* als etwas ganz Unerwartetes dem Hörer auch als solches insinuirt werden muss, also in diesem Falle vielleicht durch eine vorausgehende, kaum merkbare Pause und ein auffallendes Piano, resp. Pianissimo. Im 31. Takte vor dem Schlusse der Sonate

(linke Hand:)

schreibt Bülow den unteren Fingersatz vor, wodurch dem kleinen Finger stets ein Quintensprung im raschesten Zeitmass zugemuthet wird, während Andere den oberen Fingersatz notiren, der aber einen ähnlichen Uebelstand für den Daumen herbeiführt. Um nun das durch beide Applicaturen unfehlbar herbeigeführte Ueberhasten der vier Sechzehntelnoten zu vermeiden, spiele ich, wie folgt:

was Sie unzweifelhaft als praktisch erproben werden. Die beiden, in kleinen Noten geschriebenen Scalen, 20 und 21 Takte vor dem Schlusse dürfen nicht zu rasch gespielt werden, mit Rücksicht auf das folgende ruhige Thema, in welchem ich — nebenbei gesagt — die Hinzuziehung des Contra-*c* und -*f* im zweiten Takte, welche auch Bülow vorschreibt,

nicht gut heissen kann, weil der dicke Klang dieser Contratöne zu fremdartig in diese Sonate hineinklingt. Es ist interessant zu wissen, dass B. ursprünglich einen anderen Mittelsatz für diese Sonate geschrieben hat, als den jetzt vorhandenen mit „Introduzione" überschriebenen. Es war das Andante in F dur ³/₈ (welches auch unter dem Titel „Andante favori" bekannt ist) von Haus aus für diese Sonate componirt, B. erachtete es aber später als zu umfangreich und schrieb nun die kurze, wunderbar schöne Introduction, welche mit Ausnahme der wenigen Takte 10—15 wie tastend und ahnend gespielt werden muss. Auch der letzte Satz war unsprünglich ganz anders entworfen. Die erste Skizze dazu lautet so:

Die Tempobezeichnung des Finales lautet Allegretto moderato, was wohl zu beherzigen ist. Da B. im Verlaufe des Satzes das an sich so unscheinbare Motiv:

zu grösserer Bedeutung erhebt, indem er es am Schlusse der C moll-Episode vierzehnmal in unmittelbarer Folge in der linken Hand bringt und wenige Takte später abermals, ferner unmittelbar vor dem Prestissimo, und endlich noch einmal in diesem selbst (bei dem zweiten Fortissimo auf *as*), so muss man diesen beiden Tönen gleich zu Anfang, trotz des vorgeschriebenen Pianissimo, eine gewisse Bedeutung zu geben suchen. Im Uebrigen kann es nicht schlicht genug gespielt werden. Die schwere Sechzehnteltriolen-Figur

hiess ursprünglich:

Wie Mancher mag bedauern, dass B. sie nicht so beibehalten hat! Ueber die Art, wie später das Thema mit dem Triller verbunden zu spielen ist, giebt wohl so ziemlich jede Ausgabe eine Anleitung. Die Regel ist, dass der obere Trillerton ausbleibt, sobald ein Melodieton erklingen soll, also:

Ebenso finden sich fast überall Anweisungen, um die Oktavenglissandos im letzten Satze (welche auf den modernen Instrumenten kaum ausführbar sind) zu ersetzen. Takt 31 vor dem Schlusse findet sich folgende Stelle:

deren Ausführung Bülow in nachstehender Weise empfiehlt:

oder auch:

Die letztere Art würde mir zu fremdartig erscheinen. Ich selbst spiele so:

und Sie haben zu wählen. Noch erwähne ich, dass B. vom neunten Takte vor dem Prestissimo ab folgenderweise schrieb:

Niemand aber scheint begriffen zu haben, weshalb B. die Taktpause in zwei Viertelpausen zerlegte. „Und ist doch so kinderleicht", wie's in Wilhelm Müller's Abendreih'n heisst. Er hat nämlich das exacte Niederlassen der Dämpfer mit Eintritt des zweiten Viertels in anderer Weise nicht bezeichnen .können. Ein analoger Fall liegt in dem zweiten Satze seines G dur-Concertes vor, wo er eine Achtelpause in zwei Sechzehntelpausen zerlegt:

Und mit diesem Quartsextaccorde scheide ich heute von Ihnen, obgleich das eigentlich sehr unmusikalisch ist.

Stets der Ihre   C. R.

Leipzig, im Juli 1895.

X.

Sehr freue ich mich, verehrte Frau, dass meine fünf Gewährsmänner für das „hübsch im Takt spielen", Mozart, Beethoven, Schumann, Hummel und Chopin, Ihnen so imponirt haben, aber ein leiser Zweifel klingt doch durch Ihre Frage hindurch, wie es trotz dessen möglich war, dass das Tempo rubato heutzutage so sehr um sich gegriffen habe bei Spielern wie bei Dirigenten? Daraufhin kann ich nur antworten was Moritz Hauptmann einst auf eine ähnliche Frage erwiderte mit den Worten: „Ja, sehen Sie, Gesundheit steckt nicht an, es sind eben die Krankheiten, welche anstecken!" Entsinne ich mich recht, so habe ich Ihnen schon früher einmal geäussert, dass ein mathematisch gleichmässiges Tempo durch einen ganzen Sonatensatz hindurch ebenso undenkbar wie unschön ist, aber es ist ein gewaltiger Unterschied zwischen dem aufdringlichen Tempo-Verändern, welches jene Meister verdammen, und einem unmerklichen Einführen in ein rascheres oder ruhigeres Zeitmass, wie jeder feinfühlende Künstler es am geeigneten Orte praktiziren wird. Carl Maria von Weber sagt in seinem Vorworte zur Euryanthe „Beides übrigens, das Vorwärtsgehen wie das Zurückhalten darf nie das Gefühl des Rückenden, Stossweisen oder Gewaltsamen erzeugen", und das ist's, was ich meine. Und noch ein anderes Wort von E. T. A. Hoffmann finde an dieser Stelle Platz, es lautet: „Der echte Künstler lebt nur in dem Werke, das er in dem Sinne des Meisters aufgefasst hat und nun vorträgt. Er verschmäht es, auf irgend eine Weise seine Persönlichkeit geltend zu machen." — Die

Op. 54 F dur Sonate Op. 54 in F dur gehört zu den selten gespielten, sie besteht aus nur zwei Sätzen und entbehrt bis zu gewissem Grade der einschmeichelnden Lyrik, wie sie meistens in dem langsamen Satze oder doch in dem zweiten Thema der Ecksätze zu finden ist. In dem ersten Satze „In tempo d'un Menuetto" steht dem freundlichen Hauptthema ein energisches, imitatorisch gehaltenes Motiv gegenüber, aber merkwürdiger Weise fehlt ebensowohl der Abschluss eines ersten Theiles, wie auch jede Durchführung, und ebenso seltsam ist das stete Verharren in der Grundtonart F dur von der Wiederkehr des Hauptthemas ab bis zum Schlusse des Satzes, also durch volle 85 Takte hindurch, und sogar mit acht Ganzschlüssen! Bülow monirt einen muthmasslichen Druckfehler im 49. Takte und verlangt statt der Original-Lesart:

eine Sexten-Triole auf dem zweiten Viertel

eine Aenderung, der man wohl gerne zustimmt. Das Tempo ist selbstverständlich ein gemessenes. Das Finale ist ein vollständiges perpetuum mobile, denn nicht in einem einzigen Takte ist die Sechzehntel-Bewegung unterbrochen. Es erinnert an das Finale der As dur-Sonate, Op. 26, nicht allein wegen der, beiden Sätzen eignenden Beweglichkeit, sondern auch wegen der sehr ähnlichen Figuren:

Op. 54.

Op. 26.

Herr von Elterlein sagt von diesem Satze kurz und bündig: „Leere, Bedeutungslosigkeit ist sein Charakter" (sic). Der nun folgenden Sonate in F moll hat man den Beinamen „appassionata" gegeben, und — wenn man von dem Mittelsatze absieht, der keine Spur von Leidenschaftlichkeit zeigt — ist derselbe in der That zutreffend. Lange Zeit ward diese Sonate, sowie auch die Waldstein-Sonate, vorzugsweise für den öffentlichen Vortrag gewählt, bis man sich später auf die letzten fünf stürzte, weil die genannten beiden zu „abgespielt" waren; so kam es denn, dass man in Leipzig die Sonate Op. 111 in C moll innerhalb einiger Monate fünf Mal zu hören bekam! So mag es denn auch gekommen sein, dass ich z. B. das Ständchen von Schubert „Leise flehen meine Lieder" in meinem langen Leben ein einziges Mal öffentlich gehört habe, während ich die „selten oder nie gehörten" alle Augenblicke auf dem Programm fand. Verzeihen Sie, dass ich wieder abgeschweift! Aber ich meine, zuweilen müssen auch Sie des trockenen Tones satt sein. Und trocken bleiben doch alle schriftlichen Erläuterungen musikalischer Werke, wenn der Erläuternde sich nicht in den Irrgarten poetischer Unterstellungen begeben mag, die sich allerdings recht hübsch lesen lassen, doch aber den Spieler um keine Haaresbreite dem Verständniss näher führen. Wenn Sie aber, wie ich hoffe, sich nun daran gewöhnt haben, in jedem Satze dem Bau und der thematischen Arbeit, dem organischen Wachsen des Ganzen nachzuspüren, so haben meine trockenen Expectorationen ihren Zweck vollkommen erreicht, und werde ich mich fortan, wie ich's schon einmal versprochen, kurz fassen und nur theils an einige allgemeine Regeln erinnern, theils Ihnen bei streitigen Fällen meine — übrigens unmassgebliche — Ansicht nicht vorenthalten, und in besonderen Fällen einige praktische Regeln geben. Anknüpfend an den im dritten Takte zum ersten Male auftretenden Triller, erinnere ich daran, dass die Vorschlagsnote oder die Vorschlagsnoten, welche ein Componist dem Triller voranschickt, niemals der vorhergehenden, sondern stets nur der nachfolgenden Note entzogen werden dürfen. Demgemäss fällt also in diesem Falle das *c* ganz präcise mit dem Akkorde im Bass zusammen und erhält einen kleinen Accent. Bülow stellt die Ausführung in folgender Weise dar:

und wenn schon diese Figur ausgeschrieben werden soll, mag Bülow's Notation immerhin die beste sein; aber ein missliches Ding bleibts immer um ein derartiges Ausschreiben solcher Verzierungen, und noch mehr um deren sylbenstecherisch genaue Ausführung. Ein wirklicher Triller klingt doch ganz anders, als solche Sechzehntelfigur, daher würde ich es vorziehen, die Figur folgendermassen zu notiren:

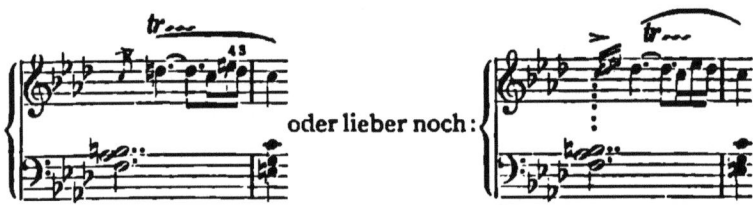

Es ist ein schlechter Usus, den die Stecher consequent befolgen, dass sie die kleinen Noten vorzeitig an einen Platz stellen, der ihnen nicht gebührt; von Seiten der Componisten, Verleger und Correctoren sollte streng darauf gehalten werden, dass dies nicht mehr geschehe, denn es giebt verhältnissmässig Wenige, welche die Regel kennen, die Bülow für gegenwärtigen Fall mit folgenden Worten ausspricht: „Es müssen, wie dies bei allen Verzierungen als **ausnahmslose** Regel gilt, die drei ersten Noten präcis auf den betreffenden Takttheil fallen." Nach der ersten Fermate und bei den analogen Takten muss der Accent abwechselnd von der linken und rechten

Hand gegeben werden, damit vier dreitheilige Rhythmen und nicht etwa sechs zweitheilige zu Gehör kommen. Es ist eine sehr gebräuchliche Erleichterung, den ersten Akkord im 4. Takte nach der Fermate mit der linken Hand zu nehmen, wogegen nicht das Geringste einzuwenden ist. Kurz vor dem Schlusse des ersten Theiles (in As moll) und zwar zehn Takte vor Aufhebung der ursprünglichen Vorzeichnung, findet sich eine Stelle, die häufig falsch aufgefasst wird, indem die Sechzehntel der rechten Hand zu isolirt gespielt werden; sie müssen im Gegentheil so eng als möglich an die nachfolgenden Doppelgriffe der linken Hand angeschlossen werden:

Eine ähnliche Stelle findet sich in dem C moll-Trio aus Op. 1 von B.

Bei den Trillern, welche mit dem Vorzeichnungswechsel beginnen, gewährt es eine, Manchem gewiss erwünschte Erleichterung, wenn er den unteren Ton der rechten Hand (*cis*, später *dis*) mit dem Daumen der linken Hand übernimmt. Wenn B. nach dem Durchführungssatze zum Anfange zurückkehrt und 16 Takte hindurch die Repetition des grossen *c* und *des* verlangt, wird Jeder empfinden, wie schwer es ist, diesem Verlangen im Pianissimo zu entsprechen; dies liegt daran, dass die Hammerköpfe in dieser Region sehr gross und demgemäss schwer sind, und so habe ich persönlich es sehr probat gefunden, zwei Finger (den dritten und vierten), gleichzeitig zum Anschlag zu verwenden, indem man dieselben halb nebenhalb übereinander stellt. Es ist jedenfalls ein unschädliches Hausmittelchen. Bülow nahm, wie man aus seinen Ausgaben ersieht, an dieser Stelle den Daumen. Vom 36. Takte ab vor dem Più-Allegro ist in der rechten Hand eine begleitende Sechzehntelfigur, bei welcher die Beethoven'sche Niederschrift ein Frage offen lässt. Ich kann mich für die Bülow'sche Lesart, welche zwischen

abwechselt, nicht entscheiden, erstens, weil mir die letztere Figuration etwas trivial und kleinlich erscheinen will und ferner, weil Bülow den Takt, in welchem diese Figuration erstmalig erscheint und der ganz fraglos folgendermassen

heisst, einer willkürlichen Aenderung unterzogen hat. Bei der sogenannten Hammer-Clavier-Sonate Op. 106 werden wir sehen, dass Bülow sich in seinen Voraussetzungen zuweilen gründlich geirrt hat. Er wirft daselbst den „Beethoven-Verbesserern", welche mit natürlich richtigem Gefühl einen offenbaren lapsus corrigirt hatten, vor, dass sie die enharmonische Genialität zu einer chromatischen Trivialität erniedrigt hätten, und — siehe da — Nottebohm hat später zur Evidenz bewiesen, dass B. selbst diese „Trivialität" begangen und dass die Herausgeber sich ganz im Rechte befanden. Wir werden am geeigneten Orte wieder darauf zurückkommen. Hinsichtlich der vier mit Ritardando und Adagio bezeichneten Takte unmittelbar vor dem Più-Allegro ist zu bemerken, 1) dass das sempre Ped. nicht wörtlich aufzufassen ist, weil das Ineinandertönen von *des* und *c* nun und nimmermehr poetisch, sondern lediglich unschön wirken kann, 2) dass das Ritardando mehr insofern zur Geltung gebracht werden muss, als man die Pausen zwischen den Motiven immer mehr um ein Geringes verlängert, das Motiv selbst aber nicht zu sehr verlangsamt, damit der eindringliche Rhythmus desselben nie verloren gehe, selbst im Adagio nicht. Die nun folgenden Variationen müssen selbstverständlich durchweg in demselben Tempo gespielt werden, fast gleichmässig piano und mit einer gewissen andächtigen Scheu; man muss den Clavierspieler ganz vergessen, so dass weder die zweite Variation einen Schimmer von Etudenhaftem, noch die letztere von Brillanz gewinnen kann. Dass die linke Hand oft bescheiden ausdrucksvoll hervortreten muss, schäme ich mich fast, Ihnen gegenüber noch zu bemerken. Schon in einem meiner früheren Briefe erwähnte ich, dass arpeggirte Akkorde nie zu langsam arpeggirt werden dürfen. Die drei Uebergangstakte zu dem Finale bestätigen dies, denn die Melodie darin heisst:

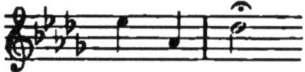

und würde man den Akkord auf der Fermate langsam brechen, so würden die beiden zusammengehörigen Töne *as* und *des* viel zu weit von einander getrennt werden. Also nicht etwa:

Zu Anfang des Finales hört man häufig

spielen und bitte ich, keine Beleidigung darin zu erblicken, wenn ich Sie vor solcher Ungenauigkeit warne. Im Affekt kann es wohl geschehen, dass man dergleichen Vorschriften nicht die nöthige Wichtigkeit beilegt. Für das Hauptmotiv empfiehlt Bülow einen Fingersatz, den er dem verstorbenen Franz Kroll in Berlin verdankt. Es ist in der That, auch meiner Ansicht nach, die beste von allen drei Applicaturen, welche man vorgeschrieben findet, und rathe ich Ihnen, denselben consequent anwenden zu lassen.

Im 18. und 20. Takt nach dem ersten Wiederholungszeichen findet sich eine recht schwere Stelle, für welche Bülow den Fingersatz

empfiehlt, den ich aber nicht als Erleichterung anerkennen kann; will man das Halten und Nachklingen des oberen *b* in Dauer einer Viertelnote nicht dem Pedal anvertrauen, was ich für berechtigt und vorzugsweise empfehlenswerth halte, so wäre wohl immer noch die folgende Art

der Prüfung werth. Und nun Glück auf zum Studium dieser Tondichtung, welche allerdings von Rechtswegen einen Künstler erfordert, der des Rathes Anderer nicht mehr bedarf. Aber freilich dürfen bei ehrlichem Fleisse und ernstem Studium wohl auch Solche sich an das Werk wagen, die gerne noch einige Winke entgegennehmen, auch von

Ihrem ergebenen   C. R.

Interlaken, 1. August 1895.

XI.

Geehrteste Frau!

Wenn die beiden nun folgenden Sonaten Op. 78 und Op. 79 auffallend weniger gespielt werden, als alle übrigen, so wird wohl der grösste Beethoven-Verehrer — und zu diesen darf auch ich mich zählen — wenn er ganz aufrichtig ist, eingestehen müssen, 'das der Grund wohl in den Werken selbst zu suchen ist. Will man einen B. tadeln, so soll man es mindestens auf den Knien liegend thun, und ich wäre sofort bereit, mich auf die Knie zu werfen, falls ich in der That die Werke tadeln oder bemängeln wollte, aber das fällt mir gar nicht ein. Im Gegentheile gestehe ich, dass mich die unendliche Innigkeit des einleitenden Adagios und die unsägliche Liebenswürdigkeit des Hauptthemas geradezu rührt, aber dennoch verstehe ich sehr wohl, dass diese Sonate nie populär geworden ist. Und nun schleudern Sie ein Anathem auf mich, lassen Sie sich aber zugleich vertrauen, dass ich sie mir mit besonderer Vorliebe ganz allein in meinen vier Wänden vorspiele. Es ist diese Fis-dur-Sonate eben ein ganz intimes Musikstück, welches, soweit meine Erfahrung reicht, vor einem Zuhörerkreis die Wirkung nicht erzielt, welche fast alle andern hervorbringen. Der G dur Sonate Op. 79 stehe ich allerdings kühler gegenüber; erwähnen will ich aber, dass das Thema des Schlusssatzes bereits in dem Ritterballet (welches B. schon in Bonn componirte) anklingt und dass der Keim vielleicht in der

Mozart'schen Sonate für Clavier u. Violine (Köchel 379) zu suchen ist.

Beethoven Op. 79.

Beethoven Ritter-Ballet.

Mozart Sonate fur Clavier und Viol. (Köchel 379.)

Mit der Sonate Op. 81, welche unter dem Titel „Sonate caractéristique: Les adieux, l'absence et le retour" erschien, schuf B. wiederum ein Kunstgebilde von so vollendeter Form und so tiefsinniger und warmblütiger Erfindung, wie es zu schaffen nur wenigen Auserwählten vergönnt ist. Es ist die einzige Sonate des Meisters, welcher er ein sogenanntes Programm beigegeben. Dieses Programm ist aber ein solches, welches dem Hörer noch einen weiten Spielraum lässt für seine eigene Auffassung, und andrerseits ist das Werk so geartet, dass man den ungetrübtesten Kunstgenuss an demselben haben würde, wenn auch jeglicher Hinweis des Meisters auf das fehlte, was ihm dabei vorgeschwebt hat. Abgesehen von dieser Sonate hat B. nur noch seiner Pastoral-Symphonie und seinem Rondo Op. 129 „die Wuth über den verlorenen Groschen" einige Hinweise beigegeben, die ihnen den Namen von Programm-Musik eingetragen haben. Bei dem Rondo handelt es sich um einen humoristischen Einfall, und kein Verständiger wird ableugnen können, dass sich eine Menge anderer Ueberschriften für dieses Humoristicon finden liessen, die dem Wesen desselben ebenso sehr entsprechen würden, wie der vorhandene. Niemand wird behaupten wollen, dass irgend Jemand im Stande sein würde, mit Tönen auszudrücken, ob es sich um einen verlorenen Groschen

oder um eine Stecknadel oder einen Hemdenknopf handele.
Begriffe und Vorgänge kann die Musik absolut nicht ausdrücken,
wohl aber Stimmungen und Seelenzustände in solch wunderbar
mannigfaltiger Weise, dass E. T. A. Hoffmann mit vollem Rechte
sagen konnte: „Wo die Sprache aufhört, fängt die Musik an"
Der Pastoral-Symphonie hat B. die besondere Bemerkung beigefügt: „Mehr Ausdruck der Empfindungen als Malerei" und
Wasielewski hat vollkommen Recht, wenn er in seiner B.-
Biographie sagt: „Diese Compositionsgattung (die Programmmusik) birgt insofern Gefahren in sich, als sie gar leicht zu
einem krassen Realismus verleitet, welcher der Kunst keinen
Gewinn bringen kann, weil er sie ihrer idealen Bestimmung
entkleidet. B. ist diesen Gefahren mit feinstem, künstlerischem
Takt aus dem Wege gegangen. Seine Pastoral-Symphonie
hält eine Grenze ein, durch welche die Bedingungen des musikalischen Kunstwerkes vollständig gewahrt sind." Weder die
Schilderung vom „Erwachen heiterer Empfindungen bei der Ankunft auf dem Lande", noch einer „Scene am Bach", noch des
lustigen Zusammenseins der Landleute, des Gewitters und der
„frohen und dankbaren Gefühle nach dem Sturm", kann den
Componisten hindern, der dem musikalischen Kunstwerke unentbehrlichen Form gerecht zu werden, während die Schilderung
eines Vorgangs unmöglich ist, schon aus dem einfachen Grunde,
weil die Wiederkehr früher schon dagewesener Themen, Perioden und ganzer Sätze bei einem musikalischen Kunstwerk
ebenso unerlässlich ist, wie bei dem Werke des Architekten
die Wiederkehr seiner Motive und die genaue Wiederholung
ganzer Partieen. Die Schilderung einer fortschreitenden Handlung aber verträgt keine Wiederholung, es müsste denn einer
so schlau sein, wie jener Symphonie-Componist, welcher sich
an einer Preis-Bewerbung betheiligte, bei welcher ich die Ehre
hatte als Preisrichter zu fungiren. Er hatte seiner ganzen
Symphonie ein umfassendes Programm beigegeben. Im dritten
Satze, einer Art Menuett, schilderte er „wie die Fürsten die
Völker knechten", im Trio, wie diese sich empören und dann
hiess es: „Es bleibt aber doch Alles beim Alten, daher das
Menuett da capo". Zu welchen Wunderlichkeiten der Componist
kommt, wenn er die Aufgaben, die Mittel und die Kraft seiner

Kunst verkennt, davon giebt auch folgendes Kunde, welches ich dereinst erlebte. Als sehr junger Mann besuchte ich den Organisten N. N. in †††, der mir ein Clavier-Concert vorspielte, welches er im Schmerze um den Tod seines Bruders geschrieben hatte. Weil ihm in diesem Schmerz mehr denn je klar geworden war, dass die Erde ein Jammerthal sei, so begann er das Concert mit dem — frivolen Trinklied des Caspar „Hier im ird'schen Jammerthal", und von der Einsicht durchdrungen, dass man in solch schmerzlicher Stimmung „Alles verkehrt" ansehe, auch dasjenige, was Einem im gewöhnlichen Leben die grösste Freude gewähre, wie etwa der Wein, so führte er bald darauf Mozart's „Vivat Bacchus, Bacchus lebe" ein, welches Stück er aber verkehrt angesehen hatte! Er stellte die Partitur auf den Kopf und siehe da! nun las man die Mozart'sche Melodie:

Vi - vat   Bac - chus,   Bac - chus   le - be

Verzeihen Sie diese kleine Excursion, ich will Ihnen damit auch nicht die Freude an den Phantasiestücken, Kinderscenen etc. von Schumann verkümmern, welcher keineswegs mit Ueberschriften gegeizt hat, aber einestheils schreibt er ja selbst: „den Stücken gab ich später Ueberschriften" und anderentheils müssen wir doch bekennen, dass er mit denselben meistens nur die Stimmung andeutet; er schreibt nicht „der Abend", sondern „des Abends", nicht „die Nacht", sondern „in der Nacht", nicht „der Springbrunnen", sondern „am Springbrunnen", etc., und das ist wohl zu beachten. — Und nun zur Sonate; die Composition fällt in's Jahr 1809, die von B. auf dem Manuscript des Werkes vorgezeichneten Daten des 4. Mai 1809 und des 30. Januar 1810 beziehen sich auf die Tage der Abreise und Rückkehr des Erzherzogs Rudolph. Es handelt sich bei diesem Werke also keineswegs um die Gefühle beim Abschied und Wiedersehen eines liebenden Paares, wie gar Viele vermuthen, sondern um den Abschied des Erzherzogs Rudolph von Beethoven. Den ersten drei Tönen der Einleitung, welche im Verfolg des ersten Satzes eine bedeutende Rolle spielen, hat B. das Wort „lebewohl!" hinzugefügt.

Op. 81a Es dur Les Adieux, l'Absence et le Retour.

Le - be - wohl!

Diese Töne dürfen nicht ganz gebunden gespielt werden, sondern mit der unmerklich kleinen Pause, welche beim Gesange die Aussprache des Consonanten b und w unausbleiblich mit sich bringt. Wenn man diese Spielweise überall consequent durchführt, wird dies Motiv stets klar erkennbar werden, selbst wo es wenig auffällig zu Tage tritt. Die Ausführung der Doppelschläge in dem einleitenden Adagio muss eine sehr ruhige und weiche sein. Es zeigt sich hier wieder einmal, dass man derartige Verzierungen nicht in ganz entsprechender Weise ausschreiben kann, denn weder diese Art

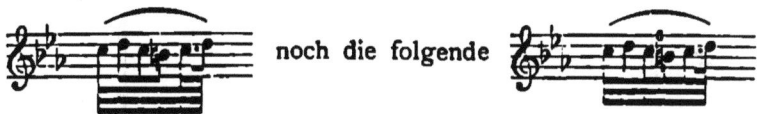

genügt vollkommen, weil nach der ersten Lesart der eigentliche Doppelschlag *d c h* zu hastig, in der zweiten nicht bewegt genug erklingen würde. Immerhin nähert sich die letzere Ausschreibung mehr der erwünschten Ausführung. Die Pausen in den letzten sechs Takten der Einleitung dürfen ja nicht gekürzt werden. Eine Periode, welche im Ausdruck leicht verfehlt werden kann, ist die vom 23. Takte des Allegro, bei welcher man sich die harmonische Folge sowie die melodische Bedeutung des Altes

recht klar machen muss, um den richtigen Vortrag zu finden. Man muss den Clavierspieler einigermassen vergessen und die Parthie der rechten Hand als einen zweistimmigen Satz betrachten, nicht als einen einstimmigen. Wie dürftig ist die Sprache, wenn sie eine so feine Stimmung erklären möchte, wie sie in diesen wenigen Takten enthalten ist! Und so will ich auch lieber von ferneren Versuchen absehen. Aber die praktische Art, sich nirgends entgehen zu lassen, wie der Componist seine Motive offenbar und versteckt in der ursprünglichen Form und modificirt bringt, diese Art der Durchforschung eines Kunstwerkes wird sich immer bewähren. Bei einem Motiv wie Beethovens „Lebewohl", welches nur aus drei diatonisch aufeinander folgenden Tönen in ganz gleichem Rhythmus besteht, kann man leicht Gefahr laufen, dem Componisten zu viel Combinationen zu unterstellen; so z. B. könnte man im vierten Takte der Einleitung die Töne des Tenors *g*, *a*, *h* als eine Umkehrung in rhythmischer Verkleinerung betrachten, man könnte im Hauptthema des Allegros die Töne *g*, *f*, *es*

ebenfalls als Anspielung auf das Motiv auffassen, aber vielleicht würde man bei einem derartigen analytischen Verfahren zu weit gehen; immerhin werden Sie dieses Motiv mindestens sechzigmal ganz unverkennbar in diesem Satze finden, und überlasse ich es Ihnen, demselben überall nachzuspüren. In der Durchführung verwendet der Meister ausschliesslich dies Lebewohl-Motiv mit dem rhythmisch prägnanten Motiv des Hauptthemas,

und hier ist es gerade, wo die beiden Ganznoten stets durch eine ganz kleine Pause voneinander getrennt werden müssen, wie denn auch B. nicht ein einziges Mal einen Bogen bei diesem Motiv vorgeschrieben hat, während er mit dieser Bezeichnung im Uebrigen keineswegs gekargt hat. Die kurz vor dem Schlusse auftretende Stelle:

welche durch eine beschleunigte Imitation des Motivs entstanden ist, hat seiner Zeit selbstverständlich Befremden erregt. Sie muss durch die Art des Vortrags verständlich gemacht werden, denn jeder Unbefangene wird zugestehen müssen, dass der Zusammenklang von $\tfrac{g}{es}$ und $\tfrac{f}{b}$ an sich kein schöner ist; wenn aber der Hörer ohne Mühe der Stimmenführung folgen kann wie hier, so verträgt er sehr gut derartige Härten, er folgt den Stimmen wie den einzelnen Fäden eines Gewebes und wenn dann beim Zusammentreffen von Kette und Einschlag Dissonanzen selbst harter Art entstehen, so stört das eines Musikers Ohr gar nicht oder in viel geringerem Grade, als wenn weit weniger schroffe Dissonanzen ohne die zwingende Gewalt der Polyphonie geboten werden. In diesem Falle wird ein jedesmaliges zartes Betonen des Notenpaares $\tfrac{f}{b}$ gegenüber einem Zurücksinken zum $\tfrac{es}{g}$ das Zweckmässigste sein. Uebrigens werden wir in der folgenden Sonate Op. 90 eine ganz ähnliche Stelle finden. Ueber den Vortrag des Andantes wüsste ich wenig zu sagen, da einestheils die darin enthaltene Stimmung unverkennbar ist, anderentheils B. mit nicht genug zu dankender Sorgfalt die Vortragszeichen notirt hat. Zum Ueberfluss will ich noch einmal daran erinnern, dass die kleinen Noten im sechsten Takte nicht vorausgenommen werden dürfen, sondern dass *f, as* und *d* zusammen angeschlagen werden müssen.

Fraglich bleibt die Ausführung der Verzierungen im Takt 9, 16, 18, 25, 32, 34. Während Bülow den Triller im 18. Takte in folgender Weise ausgeführt haben will

welches, augenscheinlich eine starke Willkür in sich schliesst, schweigt er sich über die analogen Stellen im 11ten und 9ten Takte vor dem Schlusse des Andantes vollständig aus. Auf die Gefahr hin, Ihren Widerspruch zu erregen, notire ich Ihnen, wie mir die Ausführung der Verzierungen am sympathischsten ist:

(Ziemlich genau übereinstimmend mit Bülows Ausführung des 18. Taktes:)

Andere werden ihre Gründe haben zu einer ganz anderen Ausführung. Noch muss ich erwähnen, dass sich in den Takten 17 und 33 ein gewisses Zurückhalten im Tempo, namentlich in der zweiten Hälfte des Taktes, nicht vermeiden lässt, wenn man nicht der natürlichsten Empfindung Gewalt anthun will. B. hat wohl gewusst, dass ein jeder echte Musiker hier das Nöthige ohne Vorschrift thun wird und dass eine Vorschrift die grösste Mehrzahl der Spieler zur Uebertreibung führen würde. Der letzte Satz ist schwer, aber im Ausdruck kaum zu vergreifen und somit unterlasse ich fernere Erörterungen über denselben.

Mit freundlichstem Gruss
Ihr
C. R.

Vitznau am Vierwaldstätter See, Aug. 1895.

XII.

Geehrteste Frau!

Op.90 E moll Die Sonate Op. 90 liefert wieder einmal ein Beispiel dafür, wie B. ein kürzestes Motiv von grösster Unscheinbarkeit zu grosser Bedeutung erheben kann. Schon gelegentlich des Finale der Waldsteinsonate machte ich Sie darauf aufmerksam, wie B. die beiden ersten Töne des Themas

verwerthet. In diesem Satze sind es wieder dieselben Töne in derselben rhythmischen Anordnung

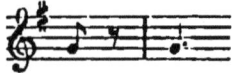

welche im Verlaufe des Satzes eine so grosse Rolle spielen, und von deren Verwendung, auch in rhythmischen Verschiebungen, Sie sich keine dürfen entgehen lassen. Aufdringlich darf man das Motiv dem Hörer nicht insinuiren, aber man muss sich des Vorkommens desselben stets vollkommen bewusst sein. Kühne Entschlossenheit und stille Ergebung, Kraft und Milde stehen in dem ersten Satze dicht nebeneinander und geben ihm ein ganz eigenartiges, grossartiges Gepräge. Es sind einzelne, namentlich für kleine Hände sehr schwere Stellen darin, welche aber kaum, ohne der Sache Eintrag zu thun, geändert werden können. Ich spreche von der Sechzehntelfigur der linken Hand, welche zuerst in H moll, später in E moll erscheint. Wenn die Hand absolut eine Erleichterung verlangt, so seien die folgenden Spielarten vorgeschlagen.

Obgleich die letztere Art der Erleichterung eine Gewaltthätigkeit gegenüber dem Rhythmus ist, so hat sie doch den Vorzug, dass sie die Melodiebildung der oberen Stimme ähnlich wie in der B.'schen Fassung zur Geltung bringt, während bei genügend raschem Tempo die geringere Bewegung vielleicht nicht gar so fühlbar wird. In meinem letzten Briefe erwähnte ich bereits, dass in dieser Sonate ebenfalls eine Stelle vorhanden, bei welcher durch Verengung der Nachahmung Töne gleichzeitig zusammentreffen, die ohne Verständniss gespielt dem Hörer geradezu unerträglich klingen müssen. Die Stelle findet sich am Schluss des Durchführungstheiles und lautet:

Der letzte Satz ist von unsäglicher Anmuth und will mit innigem, aber ganz schlichtem Ausdruck gespielt sein. Bei dem wiederholt vorkommenden Wechsel von Sechzehntel- und Achtel-Triolen-Bewegung muss man sich vor einem Wechsel des Tempos sehr hüten. Es ist immer ein Beweis von echter Musikerschaft, wenn ein Spieler beim Wechsel von Zwei- oder Viertheiligem mit Dreitheiligem in absolut gleichem Zeitmass verbleibt. Die Sonate in A dur Op. 101 gehört schon der Gruppe der „fünf Letzten" an. Interessant ist es mir gewesen, zu entdecken, dass B. — wie er im Finale der E moll-Sonate unverkennbar auf die Eigenart Mendelssohn'scher Melodik hinweist — in diesem Satze Robert Schumann'sche Harmonien vorweg bringt, ohne dass man einem der jüngeren Meister Reminiscenzen vorwerfen dürfte.

Op. 101
A dur

Beethoven.

Schumann, 3. Satz der B dur-Symphonie.

Während B. sonst ausnahmslos in seinen ersten Sonatensätzen — selbst in den sehr raschen — viel Mannichfaltigkeit hinsichtlich der Rhythmik walten lässt, verharrt er in diesem, nur mit „Etwas lebhaft" bezeichneten Satze stets bei den Notengattungen, welche schon in den ersten beiden Takten auftreten. Auffallend ist ausserdem die ausserordentliche Knappheit der Form. Schon vom 9. oder 10. Takte ab, ehe noch der Hauptgedanke zu einem Abschlusse geführt worden, beginnt die Modulation nach der Oberdominante, und wie hier der erste Gedanke mit der Modulationsgruppe zusammenfliesst, so auch das kaum angedeutete zweite Thema mit der Coda derart, dass der erste Theil schon mit dem 34. Takte abschliesst.

Die Durchführung bestreitet B. ausschliesslich mit der Verwendung des Hauptmotivs

zunächst in seiner Ganzheit, dann, indem er nur die letzten vier Töne, endlich die ersten beiden Töne desselben verwerthet. Schon im 57. Takte ist die Durchführung beendet, und nun folgt mit etwas erweiterter Coda die Wiederkehr des ersten Theiles mit der selbstverständlichen Modulation nach der Tonica.

Der ganze Satz ist wie in ein Halbdunkel gehüllt; nur gegen den Schluss des Satzes fordert der Meister auf kürzeste Zeit ein fortissimo; aber auch der Forte-Stellen giebt es nur sehr wenige rasch vorübergehende, alles Uebrige ist mit *p*, *pp* und *mf* bezeichnet. Demgemäss wird jeder einsichtige und richtig empfindende Spieler dem Satze das richtige Colorit zu geben wissen, indem er durchweg jeden scharfen Accent vermeidet, selbst die wenigen Sforzati mit vollem, weichem Anschlage bringt und die Forte-Stellen ohne jegliche Härte vorträgt. Eine besondere Aufmerksamkeit verlangt der vierte Takt dieses Satzes, damit sich der folgende Takt genügend von ihm abhebe. Ein Diminuendo und unmerkliches Zurückhalten wird sich als zweckdienlich erweisen. Im 9. Takte ist es unmöglich, die Oberstimmen zu binden und dennoch die Töne *e*, *cis* festzuhalten, wie B. es vorschreibt. Wenn man aber vom 4. Achtel ab das Pedal benutzt, so kann man mit dem zweiten Finger das *e* verlassen, ohne dass dies im Geringsten fühlbar wird. Merkwürdig ist es, dass B. gleich zu Anfang der Durchführung das Hauptmotiv in andrer Form notirt hat, als sonst, nämlich:

während es ohne Zweifel hier ebenso gespielt werden muss wie überall. Ich denke es mir daher folgendermassen notirt:

Bülow hat hier in der rechten Hand Bindebogen hinzugeschrieben, welche allerdings im Autograph nicht vorhanden sind:

Es liegt immerhin die Vermuthung nahe, dass B. sie könnte vergessen haben, aber dass er sie beide Male sollte vergessen haben, ist wiederum unwahrscheinlich. Der Doppelschlag im 13. Takte muss, dem Charakter des Satzes gemäss, ruhig gespielt.

nicht aber taktmässig eingetheilt werden. Sechszehntel wären zu schleppend, Zweiunddreissigstel zu hastig. Schwierig sind die Takte 13 und 12 vor dem Schlusse, wenn man der Forderung des Legato gerecht werden will. Vielleicht gefällt Ihnen mein Fingersatz?

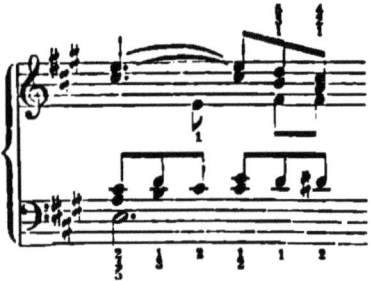

Anstatt eines Menuetts oder Scherzos hat B. einen marschmässigen Satz (Vivace alla Marcia) geschaffen. Der Hauptsatz ist fast ganz aus dem kurzen Hauptmotiv herausgebildet; eine gründliche Analyse wird auch hier sehr förderlich sein. Die Triller im 5. und 7. Takte des 2. Theiles beginnen mit dem Haupttone und werden nicht mehr als 5 Töne enthalten können, wenn der Nachschlag aus 2 Tönen besteht. Die Takte 19—22 des 2. Theiles werden unbedingt etwas unklar und verschwommen klingen, da B. das Aufheben der Dämpfung durch alle 4 Takte fordert, damit das tiefe *des* als Orgelpunkt durchklinge. Man kann dies Durcheinanderhallen etwas verringern, wenn man während der ersten beiden Takte die beiden Hauptstimmen mit einer Hand spielt (vorausgesetzt, dass die Spannungsfähigkeit der rechten Hand es zulässt), das *des* dagegen unausgesetzt mit einem Finger der linken Hand festhält und nun die Dämpfung öfter wieder niederfallen lässt:

Dem kräftigen und entschiedenen Abschlusse des Hauptsatzes stelle man den zarten Mittelsatz in B dur scharf contrastirend gegenüber. Er beginnt piano und dolce und erlischt bis zum äussersten pianissimo. Im 5. Takte muss nicht allein die linke Hand exact abbrechen, sondern auch die rechte muss den Eintritt des folgenden Taktes mit seinem neuen Motive fühlbar machen. Takt 17 und 18 müssen (damit nicht Querstände*) erklingen, die doch in der That nicht vorhanden sind) gespielt werden, wie folgt:

Einen selbständigen langsamen Satz hat B. zu dieser Sonate nicht geschrieben. Die tief schwermüthige Einleitung zum Finale soll „langsam und sehnsuchtsvoll" gespielt werden. Ein dynamisches Zeichen ist nicht vorhanden bis unmittelbar vor der Cadenz; da aber der Componist die Benutzung der Verschiebung bis zum Wiedereintritt des ersten ⁶/₈ Taktes vorgeschrieben hat, so kann kein Zweifel darüber sein, dass dies Adagio durchweg leise zu spielen sei. B. hat die Benutzung des Pedals nur einige Male vorgeschrieben, aber abgesehen davon, dass es auch an anderen Stellen mit guter Wirkung zu verwenden ist, muss es vom 12. bis 16. Takte unbedingt stets für die Dauer des ersten Viertels gebraucht werden, da die kurzen Vorschläge im Basse *(c, h, ais, gis)* die Grundtöne der betreffenden Harmonien bilden und mithin fortklingen müssen. Eine rhythmische Anordnung der kleinen, „non presto"

---

*) Sollte Ihnen in Ihrem Wortschatze das Wort „Querstand" fehlen, so gestatte ich mir, Ihnen diesen terminus technicus folgendermassen zu erklären. Querstand ist das Auftreten eines chromatisch veränderten Tones in einer anderen Stimme als derjenigen, welche ihn vorher ohne diese chromatische Veränderung brachte, z. B.:

bezeichneten Cadenz wäre schwierig und vielleicht kaum im Sinne des Componisten. Ich denke sie mir träumerisch, ohne irgendwelchen metrischen Accent gespielt, sehr ruhig beginnend und allmählich etwas beschleunigt. Wenn der erste Satz dieser Sonate sehr knapp, der dritte aphoristisch angelegt war, so hielt B. es nunmehr für nöthig der Sonate durch ein breit ausgeführtes Finale das gehörige Rückgrat, die vollwichtige Bedeutung zu geben.

Das Finale ist in Form eines ersten Sonatensatzes geschrieben, und die Durchführung wird durch ein Fugato repräsentirt. Eine Fuge würde man diese Episode kaum nennen dürfen; auch entspricht die Beantwortung des Themas nicht der gewohnten, von Bach geübten und auch von B. im Uebrigen befolgten Praxis. Ein feiner humoristischer Zug durchweht den ganzen Satz, und schon zu Anfang, beim Auftreten des ersten Themas mit seinen Imitationen sollte der Spieler sich bemühen, die zwei Stimmen in feiner Weise zu individualisiren, damit gleichsam der Eindruck eines Dialoges entstehe. Meinem Empfinden nach würde zu diesem Zwecke eine ganz gleiche Nuancirung in beiden Händen nicht das Entsprechende sein. Soweit sich derartige feinere Vortragsarten überhaupt aufzeichnen lassen, würde die mir vorschwebende ungefähr folgendermassen notirt werden müssen:

Die beiden nun folgenden Fermaten

(welche selbstverständlich weder nach doppeltem noch vierfachem Werthe der Noten, sondern losgelöst von allem Tempo gehalten werden müssen) involviren ein geringes Slentando im vorhergehenden Takte. Gleichwie eine rollende Kugel nach und nach langsamer wird, bevor sie gänzlich stille steht, wird auch in den allermeisten Fällen eine nach rascher Bewegung auftretende Fermate durch ein angemessenes Zögern vorzubereiten sein. Nach diesem Ruhepunkte übernimmt die linke Hand die Führung und die rechte würde, ähnlich wie oben vorgeschlagen, zu antworten haben Die melodische Phrase,

welche über dem Sechszehntelmotiv des Themas aufgebaut ist, muss trotz des vorgeschriebenen piano mit grosser Wärme und Innigkeit gespielt werden. Erst mit dem 27. Takte nach Beginn dieser reizenden Episode kehrt B. wieder zu dem früheren, anmuthig-humoristischen Charakter zurück. Ueber die Wiedergabe des Fugato ist nur zu sagen, dass es, wie jeder polyphone Satz, technisch vollständig beherrscht werden muss, um in aller Klarheit zu erklingen. Auffallen mag Diesem oder Jenem die Quintenfolge im 30. Takte nach Aufhebung der ursprünglichen Vorzeichnung:

es darf aber nicht übersehen werden, dass der Alt eine Imitation des Diskantes bildet und dass hier alle vier Stimmen ihren selbstständigen Weg gehen. Derartige Fortschreitungen (und selbst die grössten Härten) verträgt das Ohr sehr gut, wenn ein logischer Zwang für die Stimmenführung vorhanden ist. In einem durchaus homophonen Satze würden dagegen ähnliche Quinten-Parallelen verletzen können. Im 9. Takte vor dem

Wiedereintritt des Hauptthemas in A dur tritt dasselbe im Basse in doppelter Vergrösserung auf und muss also mächtig hervorgehoben werden.

Das Ritardando vor den drei Schlusstakten darf nicht zu gering sein. Noch empfehle ich Ihnen für die heikle Stelle vom 24. Takte vor dem Schlusse folgende Applikatur:

Wenngleich diese A dur-Sonate unter den fünf letzten wohl die weniger bedeutende ist und andrerseits die schönsten der früheren auch nicht überragt, so bleibt sie nichtsdestoweniger ein reizvolles und unendlich interessantes Tongebilde. Mein nächstes Schreiben wird sich mit der Sonate Op. 106 in B dur zu beschäftigen haben. Bis dahin verbleibe

Ihr ergebenster

Leipzig, im Januar 1897.

C. R.

XIII.

Wappnen Sie sich mit Geduld, verehrte Freundin, denn ^(Op. 106 B dur (Hammerclavier)) über die Sonate für das Hammerclavier kann man sich nicht kurz fassen, wennschon man sich einmal vorgenommen hat, sie gründlich zu behandeln. Demjenigen, der vertraut ist mit der Gestaltungsart Beethoven's, wie er sie in den früheren Sonaten angewandt hat, wird hier Manches auffallen als von seiner Eigenart abweichend. Es wird Ihnen nicht entgangen sein, dass B. bis dahin ein und dieselbe Stelle selten mehr als zweimal unverändert bringt; schon beim dritten Male weckt er durch irgend eine Aenderung, Bereicherung oder dergleichen ein neues Interesse beim Hörer und deshalb kommen in B.'s Werken nur selten eigentliche Sequenzen vor. Eine auffallende Ausnahme findet sich allerdings in der Sonate Op. 53 am Schlusse des ersten und beim Beginne des zweiten Theiles, wo nämlich das Motiv

nicht weniger denn sechsmal auf einander folgt. Ich bekenne ehrlich, aber Beethoven gegenüber in aller geziemenden Ehrfurcht, dass mir dies niemals ganz sympathisch gewesen ist. In der Sonate Op. 106 aber begegnen wir, vom 17. Takte an, einer viermaligen Wiederholung der ersten beiden Takte:

und wird alsdann der letzte Takt wieder dreimal, stetig eine
Stufe höher, wiederholt. Takt 26, von der G dur-Vorzeichnung
ab gezählt, treffen wir auf folgende Stelle:

Im zweiten Theile von Takt 5 ab heisst es:

bald darauf:

und wenige Takte später:

Dann findet sich wieder vom fortissimo ab eine ähnliche Sequenz.
Das ist (die Parallelstellen mitgerechnet) eine auffallende Anzahl
von Sequenzen! Ohne Zweifel hängt dies mit der ungewöhnlich breiten Anlage des ganzen Satzes, wie eben nur ein B.
sie bemeistern konnte, zusammen, und man denkt unwillkürlich
an das Wort: Quod licet Iovi, non licet bovi. Als etwas ebenso
Seltenes darf man wohl bezeichnen, dass in dem ungewöhnlich
breit angelegten ersten Satze die Tonart der Oberdominante

(F dur), entgegen der sonst allgemein geübten Anordnung, nur ein einziges Mal und zwar auf die kurze Dauer von zwei Takten vorüberhuscht. Gleichwie im grossen B dur-Trio Op. 97 schliesst B. in diesem Satze den ersten Theil in G dur ab. Die siebentaktigen Perioden, mit denen das Scherzo beginnt, sind bei B. ebenfalls etwas äusserst Seltenes, und auch hier bildet B. dieselben durch je dreimalige Wiederholung eines Motivs. — Und nun gestatten Sie mir auf die einzelnen Sätze genauer einzugehen.

B. selbst hat das Tempo des Allegro mit $\int = 138$ M.M. bezeichnet, doch wird wohl ein Jeder sich fragen, ob nicht der grossartige Charakter des Satzes bei etwas mässigerem Tempo besser zur Geltung komme. Heikle Aufgaben für den Spieler sind die Stellen, wo der Componist (Takt 10 von der G dur-Vorzeichnung ab u. ff.) die beiden Hände über und durch einander schlüpfen und die gleichen Töne mit einander austauschen lässt. Die Stelle ist um so schwerer, als sie zart und fliessend gespielt werden muss. Ich habe mich stets des folgenden Fingersatzes bedient:

Wer hiergegen Einiges einzuwenden haben sollte, wird immerhin eingestehen müssen, dass Bülow Recht hat, wenn er behauptet. eine vollkommen correcte Ausführung dieser Stelle sei nur auf einem Claviere mit zwei Manualen möglich.

und dass also auf alle Fälle ein Compromiss geschlossen werden müsse. Nicht unterlassen will ich, Sie auf die Uebereinstimmung dieser Achtelfigur mit einer 32stel-Figur im Adagio der B.'schen B dur-Symphonie aufmerksam zu machen.

Ueber Ausführung von Triller und Melodie, oder Triller und Bass in einer Hand, habe ich schon bei früheren Gelegenheiten Anweisung zu geben versucht. Ohnehin finden Sie in fast jeder Ausgabe solche Stellen in ausgeschriebenen Noten. Der Eintritt des zweiten Themas fliesst zusammen mit der vorausgehenden 16 Takte lang durchgeführten Achtelfigur und ist aus diesem Grunde sorgfältig darauf zu achten, dass sich das zweite Thema dennoch von dem vorausgehenden abhebe. Es ist daher das für die letzte Hälfte des Taktes vorgeschriebene Decrescendo nicht zu übersehen, während zugleich die Akkorde der rechten Hand vollständig unterzuordnen sind. Meiner Auffassung gemäss wäre also die Nüancirung folgendermassen darzustellen:

Für die bald darauf eintretende Achtelfigur möchten die beiden Fingersätze, wie ich sie über und unter den Noten hinzufüge, gleichen Werth haben.

Endlich mache ich Sie noch aufmerksam auf die Beziehung des Motivs

zum vorhergehenden Basse

als rhythmische Verkleinerung desselben. Ob im dritten Abschnitte dieses Satzes (im 13. Takte nach Wiederherstellung der B dur-Vorzeichnung) das zweite Achtel des Altes *as* oder *a* sein müsse, ist schwer zu entscheiden; für jede Lesart liesse sich etwas sagen. Ferner hat in Betreff des 6. Taktes, nach der später erfolgenden D dur-Vorzeichnung stets ein Zweifel bestanden:

Die Härte des *c* in der rechten Hand, gegenüber dem *h* des Basses ist die Ursache; einige Ausgaben haben deshalb das *h* im Basse in *c* umgeändert, wodurch aber die Folgerichtigkeit, mit welcher B. den thematischen Decimenschritt beibehalten hat, aufgehoben wird, während Bülow das *c* im Accorde fortlässt. Ich glaube, dass die vorübergehende, allerdings scharfe Dissonanz nicht unangenehm fühlbar wirkt, wenn man sich vergegenwärtigt, dass B. die Harmonie dem Basse gegenüber

7*

mit Consequenz vorausgenommen hat. Es gehört demgemäss das zweite Viertel immer schon dem dann erst folgenden Bassschritte an:

Bei J. S. Bach begegnet man Aehnlichem sehr häufig, z. B. in dem Recitativ „Ach Golgatha" in der Matthäus-Passion, woselbst die Sechszehntel der Oboi di caccia stets die folgende Harmonie vorausnehmen, wie aus folgendem Takte deutlich genug hervorgeht:

Auch die Quintenparallelen

mögen auffallen, ich erinnere aber an das, was ich bei früherer Gelegenheit schon über B.'sche Quintenparallelen gesagt habe. Auch in der Matthäus-Passion von Bach finden sich Quintenparallelen, z. B. in dem Chor „Ja nicht auf das Fest"

Vor der Rückkehr in's erste Thema findet sich eine H dur-Vorzeichnung, und diese hat Hans von Bülow veranlasst, die allseitige Correctur eines B.'schen Lapsus anzugreifen, indem er die beiden letzten Takte vor dem B dur mit *ais*, also wie folgt gespielt wissen wollte:

während alle übrigen Herausgeber vorausgesetzt hatten, dass ein Schreibfehler B.'s vorläge, indem er überall das Quadrat vor *a* vergessen habe. Eine Skizze dieser Stelle, welche Nottebohm später mittheilte, bewahrheitet denn auch letztere nahe liegende Vermuthung. Und somit wüsste ich Ihnen über diesen ebenso reich, wie andrerseits wunderbar ökonomisch aufgebauten Satz nichts Weiteres zu sagen als das Einzige, was Robert Schumann einem Schüler nach Absolvirung des ganzen Satzes sagte: „Das müssten Sie einmal von Clara hören".

Das Scherzo ist überraschend knapp und einfach aufgebaut; die erste siebentaktige Periode wird mit einer kleinen Abänderung der Schlusstakte in der höheren Octave wiederholt, die zweite, nur 16 Takte umfassende desgleichen, doch ohne jegliche Abweichung. Aehnlich ist das Trio gebildet, nur insofern etwas complicirter, als B. bei der Wiederholung dem Basse die

Melodie überweist und die rechte Hand imitirend folgen lässt. Hier darf also nicht jeder erste Ton der Achtel-Triole gleich stark betont werden, sondern nur derjenige, welcher als Melodieton zu betrachten ist:

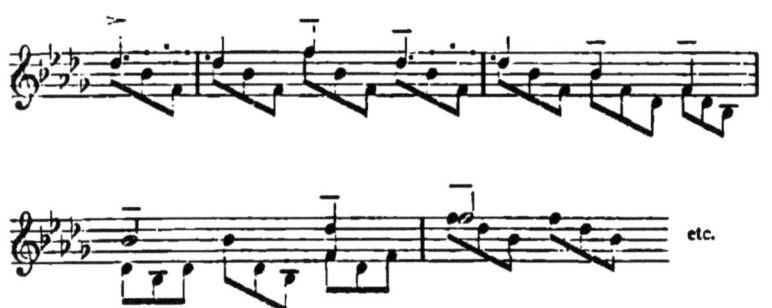

Mit einem gewissen Humor wollen die beiden, den Schluss des Scherzo nachahmenden Achtel überall da, wo sie auftreten (Takt 1 und 2, 9 und 10, 17 und 18, 26 und 27 des B moll), gespielt werden. Uebrigens ist dies Trio nach B.'s eigener Vorschrift einfach zu spielen, er schreibt wieder einmal „semplice" vor. Auch an dem Vortrage des Hauptsatzes soll man nicht herumkünsteln. Das Presto $^2/_4$ verträgt einen gleichsam dramatischen Vortrag: acht Takte piano, schattenhaft vorbeihuschend, acht Takte mächtig anwachsend bis zum fortissimo des Folgenden mit seinen zehn Sforzati. Auch die Cadenz und die zwei ersten Takte des Tempo primo bleiben fortissimo. Für die Cadenz bediene ich mich einer andern Vertheilung der Hände als B. vorschrieb, weil der Schluss in dieser Weise sehr unbequem zu spielen sein würde.

Wenn B. den Bass in den Takten 19 und 20 des Scherzo anders führt als bei der Wiederholung desselben, so ist dies abermals ein Beweis, dass B. bei Parallelstellen sich nicht immer einfach abschrieb, und dass daher gar Viele in ihren Nivellirungsgelüsten zu weit gehen. Es ist eine interessante Thatsache, dass B., nachdem er diese Sonate bereits zum Drucke an den Verleger gesandt hatte, den nunmehr ersten Takt des Adagio brieflich nachschickte. Mit Bewunderung blickt man empor zu dem Manne, der, nachdem er ein so wunderbares Adagio geschaffen hat, noch weiter darüber nachsinnt und endlich e i n e n Takt, bestehend aus z w e i Tönen — dem einfachen Terzenschritte *a cis* — hinzufügt! Ob B. diese zwei Töne mit Rücksicht nur auf das Adagio selbst, oder im Hinblick auf die Verbindung mit dem vorhergehenden Scherzo, oder endlich mit Bezug auf die ganze Sonate hinzugefügt hat? Wer kann es wissen! Ich bin nicht abgeneigt, das Letztere zu vermuthen, denn welch eine bedeutende Rolle spielt in der ganzen Sonate der Terzenschritt! Zwar ist dieser kein dem Ohre auffälliger Intervallenschritt, aber das ist auch der Schritt zur reinen Quinte nicht, und doch spricht man mit vollem Rechte von einem „Quinten"-Quartette von Haydn. Ebenso ist der Octavenschritt der denkbar natürlichste und ein unendlich oft gebrauchter, dennoch ist nicht zu leugnen, dass er dem Scherzo der neunten Symphonie einen besonderen Stempel aufdrückt. Jetzt aber bitte ich Sie, mich gütigst auf der Wanderung durch die Sonate zu begleiten, um dem charakteristischen Terzenschritte nachzuspüren. Ich werde denselben stets durch eine Klammer besonders kenntlich machen.

Welch eine Folge von Terzenschritten!

IV. Satz.

Selbstverständlich habe ich Parallelstellen anzuführen für überflüssig erachtet. Aber aus dem Angeführten erhellt, dass nicht allein sämmtliche vier Sätze mit Terzenschritten beginnen, sondern dass auch im Uebrigen alle andern bedeutenderen Gedanken diesen Intervallschritt häufig aufweisen. Und wenn es verwegen sein sollte, hierin eine Absicht des Componisten zu erblicken, so ist es mindestens ebenso verwegen, die unleugbare Thatsache für einen blossen Zufall erklären zu wollen. Schwerlich bin ich der Erste, der diese Entdeckung gemacht hat, aber selbst, wenn dem so wäre, müsste man doch zugeben, dass ein gewisses Etwas in der Sonate mich zur Feststellung des Factums veranlasst haben muss; es mag wohl Mancher aus blossem Waidmannsgelüste auf die Octaven- und Quinten-Jagd gehen, aber schwerlich auf die Terzenjagd! Der dritte Satz trägt ausser der Tempo-Bezeichnung noch die Vorschriften „appassionato e con molto sentimento" und „una corda, mezza voce". Also „mit halber Stimme auf einer Saite" zu spielen und trotzdessen leidenschaftlich. Wer es aber vermag, sich ganz in diese Tonwelt zu versenken, der wird doch begreifen, was der Componist wünscht, und es wird ihm gelingen, seinen Ansprüchen nahe zu kommen. Mir scheint, dass die Stimmung des Satzes nicht zu verkennen sei; eine tiefe Melancholie spricht unverkennbar aus demselben, aber eine erhabene, keine solche, welche sich im Schmerze gefällt und dem Troste unzugänglich ist, wie denn auch der ganze Satz im verklärenden Dur abschliesst. Der Satz zerfällt in zwei Hälften, von denen die zweite mit dem 88. Takte beginnt; von da an folgen die kommenden 67 Takte fast ganz genau der ersten Hälfte, nur in reicher Variirung und mit zum Theil anderer Modulation. Was alsdann folgt, ist unschwer auf das Vorhergehende zu beziehen. Besondere Aufmerksamkeit verlangt die Episode vom 69. Takte an, damit das Auftreten des ersten Themas (combinirt mit dem Terzenschritte des ersten Taktes) dem Hörer nirgend entgehe. Auch im 12. Takte vor der letzten *fis* moll-Vorzeichnung tritt diese Combination wieder auf. Im letzten Takte, vor Eintritt des Hauptthemas begegnen wir der auch in der Sonate Op. 110 und zuerst in der Cello-Sonate Op. 69 auftretenden Absonderlichkeit, dass zwei, durch Bindebogen mit einander verbundene Töne gleicher Tonhöhe abwechselnd mit dem Fingersatz 4 3 bezeichnet sind. Dass B. den zweiten Ton angeschlagen wissen wollte, ist schwer zu glauben, weil dann der Bindebogen ganz überflüssig wäre und weil durch den Wiederanschlag das Wesen der Synkope zerstört wird; und nur bei Synkopen hat B. diese Vorschrift angewandt. Ich habe gehört, dass auf den alten Wiener Flügeln noch ein leiser Nachdruck möglich gewesen sei, wenngleich die Taste schon einmal niedergedrückt war, und es ist ja denkbar, dass auf diese Weise ein eigenthümlicher Klangeffekt zu erzielen war. Da ein solcher aber auf den heutigen Instrumenten nicht zu ermöglichen ist, so bin ich der Ansicht, dass man von einem Wiederholen des Tones mit dem dritten Finger absehen solle, um nicht die Synkope zu zerstören. Im gegenwärtigen Falle, wo die kürzere Synkope aus der längeren hervorgeht, scheint es mir durchaus nicht das Richtige zu sein. — Das Finale beginnt mit einem Largo. B. selbst scheint befürchtet zu haben dass gar Mancher bei Entzifferung der seltsamen Niederschrift Anfangs straucheln möchte, denn er hielt den guten Rath für nöthig, vier Sechszehntel zu zählen: Er schreibt nämlich vor: „per la misura si conta nel Largo sempre quattro semicrome". Mit der Vorzeichnung von ⁴/₁₆ ist's aber auch eine eigene Sache, denn bis zum ersten Taktstriche giebt's, wohlgezählt, 35 und bis zum zweiten 40 Sechszehntel. Ich gebe zur leichteren Orientirung die ersten Takte in folgender Niederschrift wieder:

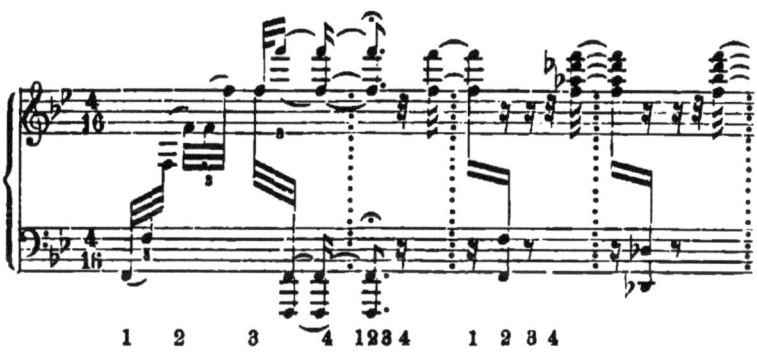

Der spätere kurz vor dem Allegro risoluto auftretende Rhythmus liest sich in folgender Notation ebenfalls viel leichter:

Die Fuge ist überschrieben Fuga a tre voci con alcune licenze. Aber selbst wenn B. es für richtig erachtete, mitzutheilen, dass er sich etliche Licenzen gestattet habe, muss man doch die kunstvolle Gestaltung der Fuge mit ihren Vergrösserungen und Umkehrungen des Themas bewundern. Das Thema erscheint vollständig in seiner Urgestalt allerdings nur siebenmal, während ein Theil des Contrapunktes

gegen dreissigmal erklingt. Eine ausführliche Analyse schriftlich vorzunehmen, scheint mir ein nicht durchzuführendes Unternehmen; es würde Bogen füllen! Erwähnen will ich noch, dass die Episode in Vierteln aus einem Theilchen des Themas hervorgegangen sein kann.

Takt 9 des Themas:

Für den Triller im Thema hat B. einen Nachschlag verlangt, wo aber Kettentriller aus demselben entstehen, erhält nur der letzte der Triller einen Nachschlag. Höchst merkwürdig ist, was B. betreffs dieser Sonate an Ferdinand Ries schrieb: "Sollte die Sonate nicht recht sein für London, so könnte ich eine andere schicken, oder Sie können auch das Largo auslassen und gleich bei der Fuge im letzten Stück anfangen, oder das erste Stück, Adagio und zum Dritten das Scherzo und das Largo und Allegro risoluto. — Ich überlasse Ihnen dieses, wie Sie es am Besten finden." Es giebt zu denken, wenn man erfährt, dass B. sich mit solcher Umgestaltung seines Werkes einverstanden erklärte. Welche Bescheidenheit bei solchem Riesengeiste! Und man bildet sich schon ein, etwas Rechtes zu sein, wenn man ihn nur begreift. Aber immerhin: "Das Edle zu erkennen ist Gewinnst, der nimmer uns entrissen werden kann", sagt Goethe, irr' ich nicht, im Tasso.

Ganz der Ihrige

Leipzig, 15. Februar 1897.

C. R.

XIV.

Ich sollte mit Ihnen rechten, weil Sie mir eingestehen, dass Sie den letzten Satz der B dur-Sonate nicht schön finden? Warum sollte ich? Ehrlichkeit schätze ich unter allen Umständen und — um auch meinerseits ehrlich zu sein — ich glaube es keinem Nicht-Musiker, wenn er behauptet, den Satz zu lieben. In solchem Falle muss ich stets daran denken, wie einst ein sehr grosser Künstler bei einer ähnlichen Gelegenheit mit tiefem Seufzer zu mir sagte: „es giebt doch ungeheuer viele Musikheuchler!" Ueberhaupt haben die sämmtlichen „fünf Letzten" — trotz der energischen Propaganda eines Bülow — sich nie so in die Gunst des Publikums zu setzen vermocht, wie die schönsten der früheren Periode; und das ist aus Manchem zu erklären. Zunächst ist die fugirte Schreibweise, in welcher die Finales der Sonaten 101, 106 und 110 gehalten sind, nicht Jedermanns Sache*), dann ist die Klangwirkung dieser Sonaten unleugbar oft nicht mehr so schön, wie in B.'s früheren Schöpfungen, denn er benutzt in jenen häufig die äussersten Regionen des Tonsystems gleichzeitig, ohne die dadurch naturgemäss entstehende Kluft ausfüllen zu können, ferner findet

---

*) Schreibt doch selbst Berlioz über die Fuge folgendes Unbegreifliche: „Diese Masse von Eintritten der verschiedenen Stimmen, die canonischen Nachahmungen, diese Bruchstücke verrenkter, durcheinander geworfener, sich gegenseitig verfolgender, vor einander fliehender, über einander sich wälzender Phrasen, dieses Durcheinander, das alle wahre Melodie ausschliesst, wo die Akkorde so rasch auf einander folgen, dass man ihren Charakter kaum aufzufassen vermag, dieses fortwährende Hin- und Herwogen des ganzen Systems, dieser Anschein von Unordnung, diese plötzlichen Unterbrechungen einer Stimme durch die andere, alle diese abscheulichen harmonischen Narrenpossen (!), welche ganz geeignet wären, um ein Lustgelag von Wilden oder einen Tanz von Dämonen zu schildern." Ob wohl Cherubini Recht hatte, wenn er behauptete, Berlioz liebe die Fuge nicht, weil sie ihn nicht liebe?

man in denselben — abgesehen von der B dur-Sonate — kein selbstständiges breit ausgeführtes Adagio mehr, und endlich mögen auch die auffallend kurzen — häufig sogar auf's schlechte Takttheil fallenden — Schlüsse ihren Antheil daran haben, denn der unbefangene Hörer verzichtet ungern auf einen geschlossenen langsamen Satz, auf ohrenfälligen Wohlklang und auf gesättigte Schlüsse, während ihm andrerseits „die wunderwürdige Emanation einer übersinnlich verklärten Erhabenheit und Tiefsinnigkeit" (wie Wasielewski die Eigenart der B.-schen Schöpfungen der letzten Periode sehr richtig kennzeichnet) nicht genügend klar wird. —

Op. 109 E dur
Keine einzige der übrigen Sonaten von B. weist einen so frei-phantastischen ersten Satz auf, wie die E dur-Sonate Op. 109. Demnach erscheint es vielleicht etwas gewagt, trotzdessen die gewohnte Form des ersten Sonatensatzes (wenngleich in sehr modificirter Art) darin erkennen zu wollen, aber auf irgend eine Form ist jeder B.'sche Satz zurückzuführen und vielleicht findet meine Auffassung Ihre Zustimmung. Die acht Takte vivace bilden das Hauptthema, das Adagio führt in die Oberdominante, nachdem zu Anfang desselben ein neuer Gedanke, das zweite Thema repräsentirend, aufgetaucht ist, mit dem Tempo primo beginnt eine Verwerthung des Hauptgedankens (Durchführung) und mit dem 10. Takte vor dem zweiten Adagio tritt die Wiederaufnahme des ersten Theiles ein; es beginnt nun das Adagio eine Quinte tiefer als vordem und schliesst in der Haupttonart, worauf dann noch eine Coda folgt. Alles aber tritt aphoristisch auf, sowohl das erste, wie hauptsächlich das zweite Thema und die Quasi-Durchführung ist fast liedartig gehalten. Das Vivace ma non troppo darf nur mässig bewegt gespielt werden; um den richtigen Ausdruck zu finden ist es räthlich, denselben zunächst zu spielen wie folgt:

und dann erst in der B.'schen Zerlegung von Melodie und Harmonie. Im 4. und 5. Takte des Adagio müssen die ersten Töne der rechten Hand so volltönend angeschlagen und mittelst des Pedals festgehalten werden, dass sie sich den folgenden Sechszehnteln melodisch eng anschliessen:

Das im vorletzten Takte vorgeschriebene Ritardando muss derartig ausgeführt werden, dass die Zweiunddreissigstel sich mit den Sechszehnteln ganz natürlich verbinden. Vom Eintritte des Tempo primo bis zur Wiederkehr des ersten Themas finden wir die ungerade Zahl von 33 Takten, doch findet man sofort den richtigen Vortrag, wenn man sich durchweg vier-, resp. zweitaktige Perioden denkt, von denen nur die eine, welche in's dreigestrichene *h* führt, zu einer fünftaktigen erweitert wurde. Es darf nicht übersehen werden, dass das letzte Tempo primo erst mit dem zweiten Viertel des Taktes beginnt. Die verbindenden Töne

müssen sehr ruhig gespielt werden und die Vergrösserung der drei Viertel (Takt 9 und 10)

in den darauf folgenden drei Takten

muss dadurch ohrenfällig hervorgehoben werden, dass das Crescendo an jener Stelle recht bedeutend behandelt, die Vergrösserung dagegen sehr leise und ausdrucksvoll — gleichsam wie ein Nachhall — gespielt werde. Uebrigens ist ja B.'s Niederschrift eine durchaus klare. In dem nun folgenden

Prestissimo spielt der Bass des Themas eine ebenso grosse Rolle wie das Thema selbst, und hier möchte es am Platze sein, Sie auf diese, in der letzten Periode vorzugsweise oft auftretende Eigenthümlichkeit B.'s (diese Gleichwerthigkeit von Bass und Diskant) aufmerksam zu machen, eine Eigenthümlichkeit, welche es den Laien oft schwer macht, das eigentliche Thema mit Sicherheit als solches zu erkennen. In den letzten Streich-Quartetten sowohl wie in den Cello-Sonaten Op. 102 kommt diese Eigenthümlichkeit vorzugsweise häufig zur Geltung, und scheint es oft, als wolle der Meister der scharfen Gegensätzlichkeit der dualen Gestaltung aus dem Wege gehen. In dem zweiten Satze dieser Sonate verwendet B. das Bassmotiv

vom ersten positiven Abschlusse in H moll an (Takt 65) durch alle nun folgenden 54 Takte fast ununterbrochen, sowohl in seiner Ganzheit wie theilweise, in seiner Urgestalt sowohl wie in der Umkehrung, im doppelten Contrapunkt in der Oktave und canonisch, und da demgemäss ein selbstständiges Trio nicht vorhanden ist, dagegen eine regelrechte Durchführung, während ausserdem das letzte Drittteil des Satzes sich mit dem ersten vollständig deckt, so könnte man versucht sein, dies Prestissimo als einen Satz zu betrachten, der in knapper Sonatenform geschrieben. — In dem Thema zu den Variationen, welche den Schlusssatz dieser Sonate bilden, dürfen die gebrochenen Akkorde (Takt 5 und 13) nicht dem Basse vorausgenommen werden, sondern muss der erste Ton in der rechten Hand genau mit dem Basstone zusammentreffen; dagegen muss im 14. Takte das cis der Melodie auf's erste Achtel treffen, wie dies auch aus den Takten 22 und 30 der dritten Variation hervorgeht. Ebenso selbstverständlich müssen die kleinen Noten in Takt 6 des Themas dem zweiten und nicht dem dritten Viertel entzogen werden. Meinem Gefühle nach sind Thema und erste Variation von so unsagbarer Schönheit, dass sämmtliche folgenden Variationen nicht im Stande sind, jene zu erreichen oder gar zu überbieten. Eine Analyse der einzelnen Variationen dürfte überflüssig erscheinen, da die Beziehungen derselben zum Thema klar genug sind; nur darauf will ich Sie aufmerkam machen, dass in Variation 3 wiederum der Bass des Themas zunächst das treibende Element ist (s. meine obige Bemerkung).

und dass die Sechszehntelfigur in Variation IV ebenfalls aus dem Basse des Themas hervorgegangen ist:

Ueber den Vortrag der Variationen geben B.'s genaue Vorschriften jedem intelligenten Spieler genügenden Aufschluss und will ich nur weniger Stellen besonders erwähnen. Damit die in der zweiten Variation mit teneramente bezeichnete Stelle nicht erklinge, als ob das Motiv:

viermal von einer Stimme wiederholt werde (während doch in der That ein zweistimmiger Satz vorliegt, bei dem die eine Stimme die andere stets übersteigt), hat man sorgfältig Acht zu geben, dass dem Hörer die Stimmführung ganz klar gemacht werde. Zu dem Zwecke schlage ich folgende Nüancirung vor:

Im 2. Theile der 4. Variation sind die von B. vorgeschriebenen Accente und Sforzati als Hinweis darauf zu betrachten, dass nicht jedes Sechszehntel der Oberstimme gleichmässig betont werden darf, also nicht so:

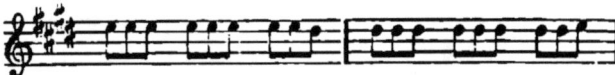

sondern derart, dass sich folgender Rhythmus heraushören lässt:

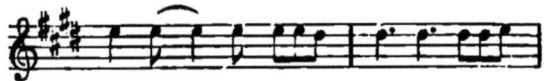

In einigen Ausgaben fehlt in Takt 19 der 5. Variation das letzte Achtel in der Oberstimme

Durch Auslassen des *e*, welches übrigens in B.'s Autograph vorhanden ist, entstehen sowohl verdeckte wie offenbare Oktaven in den äussersten Stimmen.

Op. 110 As dur

Die vorletzte der Sonaten (Op. 110 in As dur) nähert sich wieder mehr der Sonatenform, wie B. sie vordem pflegte, nur hat er weder den langsamen Satz noch den Schlusssatz selbstständig gehalten. Nachdem er dem wunderbar verklärten langsamen Satz in unmittelbarem Anschluss eine Fuge hat folgen lassen, unterbricht er diese wieder durch jenes Adagio und schliesst dann mit der immer mehr sich steigernden Fuge. Die seltsame Stelle Takt 5 des dritten Satzes hat B. in der That so geschrieben, wie sie sich in der ältesten Ausgabe und in fast allen späteren Ausgaben vorfindet, während Bülow eine andere Notirung liefert, gegen welche gewiss kein Verständiger etwas einzuwenden haben wird; da aber jeder Einsichtige aus der B.'schen Niederschrift nichts Anderes erkennen wird, als eine auf blosse Klangwirkung hinauslaufende Bebung, welche langsam und piano beginnt, sich nach beiden Seiten hin steigert und alsdann wieder abnimmt, so war im Grunde die B.'sche Notation verständlich genug und bedurfte kaum einer Richtigstellung. Bemerkenswerth und interessant ist die auffallende Aehnlichkeit eines Hauptgedankens dieser Sonate mit dem einer Sonate aus B.'s frühester Periode.

In diesem ersten Satze herrscht durchweg das gesangliche Element vor, selbst in der Durchführung erlischt es nicht einen Augenblick, und B.'s Vorschriften „cantabile", „molto espressivo", „con amabilità", „sanft" weisen mit grösster Bestimmtheit auf singenden Vortrag hin. In Bezug auf die, mit dem 5. Takte beginnende Begleitungsfigur erwähne ich, dass gemäss der alten, auch von Hummel in seiner Clavierschule gegebenen Regel der Basston solcher Begleitungsformeln stets ausgehalten werden muss, also:

Die folgende Zweiunddreissigstelfigur darf nicht im Allergeringsten bravourmässig erklingen; auch auf diese Stelle finde die Vorschrift „cantabile" Beachtung, damit der Hörer etwa folgendes wie eine innere Stimme zu hören vermeine:

Betreffs der Spielart findet sich ein Analogon in der Sonate Op. 14 No. 1 und verweise ich Sie auf das, was ich dort über dieselbe gesagt habe; übrigens ist jene Stelle kräftig, diese zart und leicht beschwingt vorzutragen. Die Trillerkette im Basse ist ohne Nachschlag bei den einzelnen Trillern zu spielen, und in der rechten Hand sind die den Melodietönen vorausgehenden kleinen Noten möglichst rasch, fast mit den Melodietönen gleichzeitig anzuschlagen. In den jetzt folgenden Takten sind die mit Punkten über den Noten versehenen Achtel nicht wirklich kurz zu spielen, sondern nur um ein Geringes (etwa um ein Zweiunddreissigstel) zu kürzen:

Die Durchführung ist eine überaus kurze und fällt auf durch die unausgesetzte Wiederholung der dem Hauptthema entnommenen zwei Takte, welche in der Oberstimme neunmal ununterbrochen erklingen. Mit dem neunten Male beginnt zugleich die Wiederkehr des ersten Theiles, diesmal combinirt mit der oben erwähnten Zweiunddreissigstelfigur im Basse. Der Vortrag eben dieser Durchführung muss, um der drohenden Gefahr der Monotonie vorzubeugen, nicht allein sehr treu den Vorschriften des Autors folgen, sondern dürfte auch durch ein discretes Beschleunigen des Zeitmasses während der ersten 14 Takte gewinnen, während ein ebenso discretes Ritardando dann mit Eintritt des Hauptthemas wieder in das ursprüngliche Zeitmass hinüberzuleiten hat. Die Architektur des folgenden „Allegro molto" überschriebenen Satzes ist so leicht erkennbar, dass jede Erklärung vollständig überflüssig erscheint. Aber auf die Entstehung der ersten Takte vom zweiten Theile, welche aus Takt 6 und 7 des ersten Theiles hervorgehen, möchte ich Sie aufmerksam machen. B. liebte es, die Anfangstakte einer neuen Periode mit den Schlusstakten der vorhergehenden auf solche Weise zu verknüpfen; als ein ferneres Beispiel führe ich folgende Stelle aus dem Finale der Sonate Op. 90 an:

Wer sich gewöhnt hat, diesem Meister stets mit Aufmerksamkeit zuzuhören, wird sich sehr vieler ähnlicher Stellen erinnern. Anlässlich des Motivs:

empfiehlt Bülow eine „langathmige Ausführung, um eine Trivialisirung des populären Einfalls zu verhüten". In der That sind diese beiden Takte identisch mit dem Anfange eines norddeutschen Schelmenliedes, und gestehe ich offen, dass dieser auffallende Anklang mich stets sehr gestört hat. Der Mittelsatz in Des dur endet mit einer viermaligen Wiederholung des Taktes, welcher auch den Anfang des Mittelsatzes bildet, und wird man folgende Vertheilung der Hände als praktisch erproben, weil sonst eine Verzögerung (hervorgerufen durch den Sprung der linken Hand vom dreigestrichenen *des* bis zum kleinen *f*, wie B. ihn fordert) unvermeidlich ist:

Wenige musikalische Inspirationen wird es geben, bei denen der Componist solche Ansprüche an die ebenso echt-musikalische, wie auch poetische Wiedergabe erhebt, wie bei dem nun folgenden Schlusssatze der Sonate. Die ersten drei „Adagio ma non troppo" überschriebenen Takte dürfen nicht allzu langsam genommen werden, im Hinblick auf den mit „più Adagio" bezeichneten Takt. Auch bei dem Adagio ma non troppo $^{12}/_{16}$ wäre ein Verschleppen des Tempos übel angebracht. B.'s Ueberschrift „Klagender Gesang" (welche übrigens nicht in der ersten Ausgabe, wohl aber im Autograph zu finden ist) giebt einen deutlichen Fingerzeig betreffs der vom Autor gewünschten Wiedergabe. Wenn das Arioso später um einen halben Ton tiefer (in G moll) wiederkehrt, will es noch resignirter gespielt werden; die Melodie wird stets unterbrochen durch kurze Pausen (welche der Italiener sehr bezeichnend sospiri nennt), und diese geben dem Satze den Charakter eines wie durch Schluchzen unterbrochenen musikalischen Monologs. B. überschreibt den Satz „Ermattet, klagend, perdendo le forze, dolente". Die Fuge ist eine dreistimmige, und das still dahinfliessende Thema deutet klar genug darauf hin, dass sie durchweg singend vorzutragen sei; die letzten vier Takte vor dem neu eintretenden Arioso $^{12}/_{16}$ in G moll zeigen deutlich, dass B. die Achtel der Fuge in ziemlich gleicher Bewegung gedacht hat, wie die Sechszehntel m Arioso. Lassen Sie sich in der „Fuga" und „L'inversione della Fuga" keinen Eintritt des Themas, keine Vergrösserung, Verkleinerung und doppelte Verkleinerung desselben entgehen! Gegen den Schluss des Satzes, vom Wiedereintritt der As dur-Vorzeichnung an, giebt B. die strenge Polyphonie des Fugenstyls auf; breit singend endet die Sonate mit einem Glanze, wie ein solcher in dem ganzen Werke noch nicht geleuchtet hatte. Noch mache ich Sie auf den ganz eigenthümlichen Modulationsgang, den B. in diesem Satze eingeschlagen hat, aufmerksam; er beginnt in B moll, Arioso und Fuga stehen in As moll und As dur, dann folgen — abermals eine Stufe tiefer — G moll und G dur, und endlich schliesst der Satz selbstverständlich wieder in As. Recht bald hoffe ich Ihnen nun auch über die letzte Sonate schreiben zu können. Bis dahin

Ihr ergebener

Leipzig, 26. März 1897.

C. R.

XV.

Sehr geehrte Frau!

Bevor ich zur letzten Sonate Op. 111 übergehe, will ich Ihre Frage, wie man mit voller Sicherheit das zweite Thema eines Sonatensatzes als solches erkennen könne, zu beantworten suchen. Ich kann es wohl verstehen, wenn Sie darüber klagen, dass Sie bisweilen im Zweifel darüber sind, ob dieser oder jener Gedanke als zweites Thema zu betrachten sei, weil nicht selten mehrere anscheinend gleichwerthige Gedanken neben einander stehen; zuweilen hat die Coda einen sehr melodischen Charakter, zuweilen auch treten schon in der Modulationsgruppe Gedanken auf, die eine gewisse selbstständige Bedeutung für sich in Anspruch nehmen können, Sie werden aber mit seltenen Ausnahmen gewiss sein können, dass derjenige Gedanke, welcher nach dem Wiedererscheinen des Hauptthemas im zweiten Theile (also nach stattgehabter Durchführung) zunächst auch in der Haupttonart erscheint, als zweites Thema zu betrachten sei. Zuweilen, wie z. B. in der Sonate Op. 10 No. 1 in C moll erscheint das zweite Thema allerdings zunächst in einer anderen Tonart (dort in F dur), aber doch bald darauf in C, während kein anderer Gedanke als dieser unmittelbar nach dem Hauptthema in der Tonica auftritt. Zuweilen ist die Tonart, in welcher das zweite Thema auftritt, etwas verschleiert, wie beispielsweise in Op. 28; im ersten Theile beginnt es in Fis moll, und erst der Schluss steht unverkennbar in A dur; demgemäss beginnt es im zweiten Theile auch in H moll und schliesst in der Tonica D dur, während das etwa sonst noch in Frage kommende Motiv:

Op. 111
C moll

im zweiten Theile auf derselben Tonstufe zu Gehör kommt, wie im ersten. Aehnlich ist im Finale der grossen F moll-Sonate Op. 57 die C moll-Tonart, in welcher das zweite Thema auftritt, durch die kleine Secunde *des* verschleiert.

Da aber dieser Gedanke im zweiten Theile nach dem Wiedererscheinen der ersten Themagruppe unmittelbar nachher auch in F moll auftritt, so ist eben dieser unbestreitbar als das zweite Thema anzuerkennen. In der Sonate Op. 10 No. 2 beginnt das zweite Thema schon mit dem 18. Takte. Dass dieser Gedanke das zweite Thema ist geht daraus hervor, dass es wiederum der erste Gedanke ist, welcher im zweiten Theile nach Absolvirung der ersten Themagruppe in F dur auftritt. Immerhin werden Sie auch fernerhin in einzelnen Fällen im Zweifel bleiben können, weil zuweilen ein wirklich plastisch herausgearbeitetes zweites Thema garnicht vorhanden ist, wie z. B. in den beiden ersten Sätzen der Sonaten Op. 54 und 109, aber für viele Ihnen bis dahin zweifelhaft erscheinende Fälle, hoffe ich Ihnen doch eine Richtschnur gegeben zu haben. — Der erste Satz der Sonate Op. 111 in C moll, war ursprünglich als dritter Satz zu einer anderen, niemals vollendeten Sonate bestimmt, von der aber schon manche Aufzeichnungen in B.'s Skizzenbüchern vorhanden sind. Ein geistvoller Ausleger der B.'schen Werke hat den beiden Sätzen dieser Sonate die Ueberschriften „Widerstand" und „Ergebung" gegeben, die an sich leidlich acceptabel klingen; dass B. selbst aber schwerlich an dergleichen gedacht habe, darf man wohl aus oben mitgetheilter Thatsache entnehmen, denn einem letzten Satze würde er schwerlich den Charakter des Widerstrebenden, sich Auflehnenden gegeben haben. Es ist eben ein missliches Ding um solche Auslegungen! So hat ein Anderer zu erklären versucht, weshalb B. sich aus poëtischen Rücksichten veranlasst gefühlt haben müsse, das Finale der Kreutzer-Sonate so keck und humoristisch zu gestalten, während dieses Finale bekanntlich aus äusseren Gründen der Sonate Op. 30 No. 1 entlehnt wurde; letztere ward dann später durch die Variationen vervollständigt, welche jetzt den letzten Satz bilden.*) Der vierte Satz des Streichquartetts in B dur Op. 130 stand ursprünglich in A dur und war für das A moll-Quartett Op. 132 bestimmt; B. transponirte denselben nach G dur und fügte ihn dem ersteren ein. Solcher Vorkommnisse wären noch mehrere anzuführen. — In der Einleitung zur Sonate Op. 111 vermeidet B. (wie auch in so manchen Einleitungen zu seinen Streich-Quartetten) die Haupttonart; er streift sie nur einmal flüchtig im zweiten Takte, berührt dann ebenso flüchtig F moll, B moll, As dur, Es moll, Des dur, bis er im 6. Takte vor dem Allegro die Dominante erreicht und nun endlich, nach acht Takten, entschieden von C moll Besitz ergreift. Dieser erste Satz gemahnt in seinem Charakter wohl an den ersten Satz der „Neunten" und selbst der Rhythmus, mit dem die Einleitung beginnt, weist auf diese hin. Auch die drei Akkorde in Takt 2 und 4 finden sich ganz ähnlich in der Symphonie.

*) A. B. Marx sagt mit Bezug auf diese Sonate: „So wie die ganze Sonate erzählt (sic!), mag sich Beethoven in jüngeren Jahren oft geträumt haben, die grosse, stets beabsichtigte Künstlerschaft mit einem herzlieben Kunstgenossen als Waffengefährten vereint zu vollführen".

Die frappanten Intervalle des herrlichen Allegro-Themas finden sich, wenn auch in gänzlich anderem Charakter, in dem Es dur-Concerte (Köchel No. 482) von Mozart.

Missverstehen Sie mich nicht, wenn ich solche Beispiele von dem zufälligen Zusammentreffen der grossen Meister anführe! Solches Begegnen grosser Geister zeugt sicherlich nicht von Abhängigkeit des Einen vom Andern, aber es däucht mir interessant, zu erkennen, wie solche charakteristische Folgen sich in allen Perioden einmal wieder vorfinden. So beginnt auch Rubinstein sein D moll-Concert mit denselben Intervallen. Dies gleichsam eiserne Motiv hat B. mit Vorliebe sehr häufig, sowohl ganz, wie auch theilweise verwerthet; selbst das zweite Thema in As dur:

muss ihm sehr bald wieder weichen. Erst im zweiten Theile weist B. diesem letzteren Thema grössere Bedeutung zu, namentlich, wenn er es in F moll dem Basse zuertheilt. Eine merkwürdige Sequenz findet sich vier Takte vor dem letzten Tempo primo:

Sie erinnern sich vielleicht dessen, was ich schon gelegentlich der Sonate für das Hammerclavier über die in den letzten Sonaten häufiger als sonst vorkommenden Sequenzen gesagt habe. Wundervoll ist die Art und Weise, wie B. zu Anfang des Durchführungstheiles das Hauptmotiv in grösseren und kleineren Werthen gleichzeitig bringt. Wo dies zum dritten Male geschieht, ist der Triller auf *e* schwer mit den Achteln in einer Hand zu vereinen; ich spiele daher wie folgt:

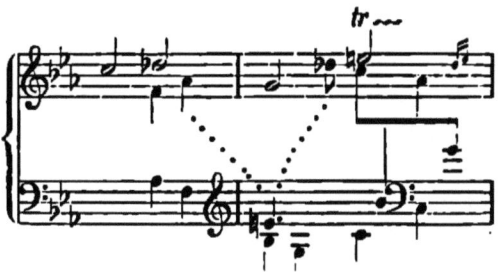

Das Ritardando, welches B. in Takt 8 und 9 nach Wiederkehr der C moll-Vorzeichnung vorgeschrieben hat, muss ein ziemlich bedeutendes sein, weil ohne ein solches die Forderung, welche B. an die rechte Hand stellt, nicht erfüllt werden kann:

Für Takt 13 des Allegro ist die Vertheilung der Akkordtöne, wie Bülow sie empfiehlt,

unbedingt zu acceptiren.

Dass dieser erste Sonatensatz zu den allerstolzesten gehört, die B. geschaffen, wird wohl kaum Jemand bestreiten, jedenfalls überstrahlt er sämmtliche ersten Sätze der Sonaten Op. 101, 106 109 und 110. Die Nüancirung, welche B. ihm hat angedeihen lassen, ist eine überaus sorgfältige, und wer ihr gewissenhaft folgt, wird mindestens nichts Wesentliches verfehlen, aber freilich — zwischen den Zeilen bleibt immer noch Manches zu lesen, was kein Componist mit Zeichen, kein Herausgeber mit Erläuterungen beibringen kann. Beispielsweise ist es in den letzten neun Takten nicht gethan mit dem bloss treuen Beobachten des Vorgeschriebenen, man muss fühlen, dass mit der Steigerung des melodischen Motivs auch stets ein bedeutenderes Crescendo Hand in Hand gehen soll. Erst im vorletzten Takte darf ein bescheidenes Zögern eintreten, welches aber ganz unerlässlich ist in Anbetracht der pastosen Basstöne und des letzten Sprunges in's contra c. Wenn man von übersinnlich verklärter Erhabenheit und Tiefsinnigkeit in den letzten Werken B.'s spricht, so lassen sich diese Epitheta wohl auf nichts mit grösserem Rechte anwenden, als auf den letzten Satz dieser Sonate, welchen ich von Niemandem wieder in solch congenialer Weise habe reproduciren hören, wie dereinst von Felix Mendelssohn Bartholdy. Er spielte ihn, wie Beethoven wieder einmal vorschreibt, „molto semplice", aber mit einer Klarheit und solcher Durchdringung von Form und Inhalt, dass der Hörer sich, trotz der fast analysirenden Darlegung, in höhere Sphären gehoben glaubte. — Der Taktart $9/16$ begegnet man selten (es hätte auch $9/8$ mit Sechszehntel-Triolen angewandt werden können), noch seltener den später auftretenden Taktarten $6/16$ und $12/32$. Ein Jeder wird sich daher erst orientiren müssen, um verstehen und erfüllen zu können, was B. verlangt. Da er sowohl bei Variation 2, wie bei Variation 3 „L'istesso tempo" vorgeschrieben hat, so ist klar ersichtlich, dass mit dem Eintritt der neuen Taktart genau das letzte Drittheil des betreffenden Taktes erfüllt werden soll; mit andern Worten: in der zweiten Variation haben zwei Sechszehntel so viel Werth als in der ersten deren drei, aber freilich muss man sich klar machen, dass B. unterlassen — oder vergessen — hat, die neu auftretende Figur als Triole

zu bezeichnen. Doppelt schwer wird es, die B.'sche Notirung sofort zu verstehen, weil hier (entgegen der analogen ⁶/₈ oder ⁶/₄ Taktarten), nicht zweimal 3 Sechszehntel, sondern dreimal 2 zusammengefasst sind. Selbstverständlich ist auch der Auftakt von Var. 3 als letztes Drittheil des mit einer 2 bezeichneten Schlusstaktes der zweiten Variation zu betrachten. Hier fehlt ebenfalls der Hinweis darauf, dass in nachstehender Figur zwei und zwei Noten eine Triole bilden:

Andernfalls würde ja ¹⁸/₃₂ vorgeschrieben sein müssen. Bald kehrt B. wieder zum ⁹/₁₆ Takte zurück, über welchen also keine fernere Erläuterung nöthig erscheint. Bemerkenswerth ist, dass B. in sämmtlichen Variationen stets ganz getreu der Modulation des Themas folgt und nur in der vorletzten Variation einen kurzen Streifzug nach andern Tonarten unternimmt, demgemäss finden sich in dem ganzen, sehr umfangreichen Satze nur etwa 20 Takte, die nicht den Tonarten C dur oder A moll angehören. Ebenso auffallend ist es auch, dass B. in den einzelnen Variationen den einmal angeschlagenen Rhythmus nie auch nur auf einen Moment aufgiebt; erst in der vorletzten Variation geschieht dies vorübergehend und zwar gleichzeitig mit dem eben erwähnten einmaligen Moduliren in entlegenere Tonarten. Damit hängt zusammen, dass sämmtliche Variationen engstens mit einander verbunden sind und, dass demgemäss in dem ganzen Satze kein einziger wirklicher Abschluss, resp. Ruhepunkt zu finden ist. Die von so Vielen beliebte Trennung der einzelnen Variationen durch Ruhepausen ist hier also unmöglich. Schliesslich habe ich noch auf einige Einzelheiten einzugehen. In Variation I, zweiter Theil Takt 4, verlangen Einige einen Bindebogen zwischen dem 6. und 7. Sechszehntel des Basses. B. hat aber in der ganzen Variation consequent das erste, vierte und siebente Sechszehntel von irgend einer Hand anschlagen lassen, und darf man daher wohl voraussetzen, dass hier im B.'schen Autograph kein Lapsus vorliege. Im zweiten Theile der Var. 3 ist der schroffe Wechsel von forte und piano genau zu beobachten, er darf nicht verschoben, d. i. um ein Vierundsechzigstel verfrüht werden. Die Bassfigur, welche zuerst in Var. 4 auftritt und im ferneren Verlauf öfters wiederkehrt, muss stets sehr streng rhythmisch ausgeführt werden, so dass genau drei Noten auf ein Sechszehntel kommen; die zu dem Zwecke nöthige Betonung der ersten von je drei Noten muss allerdings, dem vorgeschriebenen pianissimo gemäss, eine sehr geringe sein. Zarte Nüancen spielen in diesem ganzen zweiten Satze der Sonate die Hauptrolle. Das erste Forte tritt in der dritten Variation auf, um sofort in der vierten einem ätherischen Pianissimo wieder Platz zu machen, welches dann nur ganz vorübergehend, Alles in Allem für kaum zehn Takte, aufgegeben wird, wie dann auch der ganze Satz wie ein Hauch verklingt. —

Man könnte sich mit Epitheta nicht genug thun, wollte man die Sonaten und deren einzelne Sätze charakterisiren. Ebenso vollendet als lichtvoll, lieblich, eigenartig, innig, stürmisch, energisch, idyllisch, naiv, leidenschaftlich und milde, pathetisch und elegisch hat B. zu schreiben gewusst, für jede feinste Seelenregung und Gemüthsstimmung hat B. stets an Ort und Stelle den musikalischen Ausdruck gefunden, Voltaire's Worte „Si Dieu n'existait pas, il faudrait l'inventer" sollte man übersetzen: „Wenn Beethoven nicht existirt hätte, müsste man ihn erfinden".

Und nun —, verehrte Freundin, genug und mehr als genug über diesen, in der gesammten Musik-Litteratur ganz einzig dastehenden Sonaten-Cyklus des grössten aller Instrumental-Componisten. Wenn es mir gelungen sein sollte, Ihnen hie und da ein klein wenig mehr Verständniss eröffnet und einen guten, praktischen Rath gegeben zu haben, so verdiene ich doch darum keinen besonderen Dank, denn es war mir selber die grösste Freude und der grösste Genuss, mich auf solche Weise noch einmal mit diesen Werken zu beschäftigen. „Wenn die Könige bauen, haben die Kärrner zu thun." Leben Sie wohl!

Ihr

Interlaken, im August 1897.   C. R.

Uebersicht.

Sonate	Op. 2 No. I F moll	(comp. 1795)	Seite	30
„	Op. 2 No. II A dur	(comp. 1795)	„	33
„	Op. 2 No. III C dur	(comp. 1795)	„	36
„	Op. 7 Es dur	(comp. 1796)	„	39
„	Op. 10 No. I C moll	(comp. 1797)	„	19
„	Op. 10 No. II F dur	(comp. 1797)	„	25
„	Op. 10 No. III D dur	(comp. 1797)	„	26
„	Op. 13 C moll (Pathétique)	(comp. 1798)	„	41
„	Op. 14 No. I E dur	(comp. 1798)	„	7
„	Op. 14 No. II G dur	(comp. 1798)	„	12
„	Op. 22 B dur	(comp. 1800)	„	43
„	Op. 26 As dur	(comp. 1801)	„	44
„	Op. 27 No. I Es dur	(comp. 1801)	„	46
„	Op. 27 No. II Cis moll (Mondscheinsonate)	(comp. 1801)	„	48
„	Op. 28 D dur (Pastorale)	(comp. 1801)	„	50
„	Op. 31 No. I G dur	(comp. 1802)	„	53
„	Op. 31 No. II D moll	(comp. 1802)	„	55
„	Op. 31 No. III Es dur	(comp. 1804)	„	59
[„	Op. 49 No. I G moll (comp. 1798), No. II G dur	(comp. 1796)	„	7]
„	Op. 53 C dur (Waldsteinsonate)	(comp. 1804)	„	63
„	Op. 54 F dur	(comp. 1805)	„	70
„	Op. 57 F moll (Appassionata)	(comp. 1804)	„	71
„	Op. 78 Fis dur	(comp. 1809)	„	77
„	Op. 79 G dur	(comp. 1808)	„	77
„	Op. 81 a Es dur (Les Adieux, l'Absence et le Retour)	(comp. 1809)	„	80
„	Op. 90 E moll	(comp. 1814)	„	86
„	Op. 101 A dur (Begonnen 1815, vollendet 1816)		„	87
„	Op. 106 B dur (Hammerclavier)	(comp. 1818)	,	95
„	Op. 109 E dur (Theilweise comp. 1820, veröffentlicht 1821)		„	112
„	Op. 110 As dur	(comp. 1821)	„	116
„	Op. 111 C moll	(comp. 1822)	„	121
[„	Es dur F moll D dur	(comp. 1780)	„	41]
[„	C dur G dur F dur	(comp. ?)	„	41]

Beachtenswerthe Werke
für gemischten und weiblichen Chor
aus dem Verlage von
* * * Gebrüder Reinecke, Leipzig. * * *

L. Cherubini, Chor: „Schlaf, schlafe in Ruh" aus „Blanche de Provence" für dreistimmigen weiblichen Chor mit kleinem Orchester bearbeitet von C. Reinecke. Partitur mit untergelegtem Clavier-Auszug M. 1.50. Orchester-Stimmen M. 3.—, jede Chorstimme M. —.15.

Jos. Haydn, Unvollendetes Oratorium. Arie (Bass-Solo) und Chor (gemischter Chor) mit Orchester. Text deutsch und englisch. Partitur M. 4.— n.; Orchesterstimmen M. 3.— n.; Clavier-Auszug M. 2.50. Jede Chorstimme M. —.30.

C. Reinecke, Op. 208. **Schneeweisschen und Rosenroth.** Märchen-Dichtung für 3 Solostimmen (2 Soprane und Alt), weiblichen Chor Pianoforte, Declamation und Streichorchester (ad libitum). Text deutsch und französisch, Clavier-Auszug M. 7.—, Solostimmen M. 9.— Chorstimmen (à M. 1,20) M. 3.60, vollständiger Text M. 1.— n, Text der Gesänge M. —.10 n.
Begleitung des Streich-Orchesters in Abschrift: Partitur M. 5.—n, Violine I, II, Viola, Cello à M. 1.80 n., Bass M. 1,50 n.

C. Reinecke, Op. 214b. **Drei Lieder** für dreistimmigen weiblichen Chor.
No. 1. **Beim Sonnenuntergang.** Partitur 40 Pf., Stimmen 60 Pf.
No. 2. **'s Wiedersehn.** Partitur 40 Pf., Stimmen 60 Pf.
No. 3. **Liebesahnen.** Partitur 40 Pf., Stimmen 60 Pf.

C. Reinecke, Op. 224. **Motette:** „Herr Gott, du bist unsere Zuflucht für und für" für gemischten Chor. Text deutsch und englisch. Partitur M. 1.50, Stimmen M. 1.20.

C. Reinecke, Op. 231. **Weihnachtslied:** „Erklinge Lied und werde Schall", Motette für gemischten Chor. Text deutsch und englisch. Partitur M. 1.—, Stimmen M. 1.20.

L. C. Wolf, **Christfeier** für das deutsche Haus. Ein Weihnachtssang von der Geburt Christi nach Bibelworten und Kirchenliedern für 2 Frauen-(Knaben-)Stimmen und 1 Männerstimme mit Pianoforte oder Harmonium (Orgel). Clavier-Auszug M. 2.—, Singstimmen M. 1.

H. Zernial, Op. 18 **Deutsches Volks-Liederspiel.** Für 4 Solostimmen und gemischten Chor mit Pianoforte. Clavier-Auszug M. 3.—, Stimmen (à M. —.50) M. 2.—.

Obige Werke sind durch jede solide Musikalien- oder Buchhandlung, sowie von der **Verlagshandlung** zur Ansicht zu beziehen.

Empfehlenswerthe Werke
für das Pianoforte zu zwei Händen.

                                                                          M.

Ugo Afferni, Miniatur-Suite . . . . . cplt. 2.50
    No. I. Arioso . . . . 1.—
    No. II. Intermezzo . . . . —.60
    No. III. Walzer . . . . 1.—
    No. IV. Gavotte . . . . 1.—
Anna Book, Habanera graciosa, Danse brasilienne 1.50
Ignaz Brüll, Op. 69, Drei Clavierstücke.
    No. I. Mazurka (C moll) 1.20
    No. II. Mazurka (F moll) . . . . 1.—
    No. III. Ländler . . . . 1.—
M. J. Erb, Aubade-Valse 1.20
Th. Gouvy, Un Bouquet à Pippo. Valse . 1.—
Carl Reinecke, Op. 215. Ballade No. 2 (E moll) 2.50
    Op. 219. Drei Clavierstücke.
    No. I. Fantasiestück . . . . . . 1.—
    No. II. Albumblatt . . . . 1.—
    No. III. Balletscene . . . . 1.—
Arnoldo Sartorio, Op. 31. Romanze . . . 1.—
    Op. 33. Scherzo 1.50
    Op. 35. Menuett 1.20
    Op. 40. Tarantella 1.50
    Op. 78. Das polnische Lied. Fant. 1.50
    Op. 243. Gavotte . . . . 1.—
    Op. 244. Aubade pastorale . . . 1.—
    Op. 245. Myosotis, Nocturne . . . 1.—
Xaver Scharwenka. Tarantella . . . . 1.—
Conrad Waldmann. Gavotte . . . . . 1.—
Leop. Carl Wolf, Op. 21. Walzer u. Scherzo 1.80
    Op. 25. Zwei Clavierstücke.
    No. I. Albumblatt . . . . 1.—
    No. II. Ländlicher Reigen . . . . 1.—

Verlag von **Gebrüder Reinecke** in **Leipzig,**
Herzogl. Sächs. Hofmusikalienhandlung.

Musikalische Schriften
von
Prof. Dr. Carl Reinecke.

APHORISMEN ÜBER DIE KUNST, ZUM GESANGE ZU BEGLEITEN. (Mit Notenbeispielen.) Preis 60 Pf.
Englische Uebersetzung von Dr. TH. BACKER. Preis 1 M.

> „Was Reinecke in dem Werke über das Begleiten sagt, darf als massgebend betrachtet werden und verdient die weitgehendste Beachtung." *Harmonie.* November 1890.

ZUR WIEDERBELEBUNG DER MOZART'SCHEN CLAVIER-CONCERTE. Ein Wort der Anregung an die clavierspielende Welt. (Mit zahlreichen Notenbeispielen.) Preis broschirt 1,50 M., elegant gebunden 2,— M.

> „Ein klar, fein und überzeugend geschriebenes Buch, in welchem der zum Verständniss Mozart's ganz besonders berufene berühmte Pianist werthvolle Fingerzeige für eine neue lebendigere Auffassung Mozart'scher Claviermusik giebt. Die Schrift liefert einen erfreulichen Beweis dafür, wie man ein scheinbar trockenes, formelles Thema durch Frische und Wärme der Darstellung durchgeistigen und auch nichtfachmännischen Kreisen nahe rücken kann!" *Scherer's Familienblatt* No. 10. 1892.

Soeben erschien:

DIE BEETHOVEN'SCHEN CLAVIER-SONATEN. Briefe an eine Freundin. (Mit zahlreichen Notenbeispielen.) Neue Ausgabe. Preis broschirt 3,— M., elegant gebunden 4,50 M.

> Der Verfasser giebt in diesen Briefen eine Anleitung zur richtigen Interpretation sämmtlicher Claviersonaten von Beethoven, in streitigen Fällen auf Beethovens Skizzenbücher etc. zurückgreifend, welche schliesslich entscheidend und beweisführend sind.

Gebrüder Reinecke, Herzogl. Sächs. Hofmusikalienverleger, **Leipzig.**